찰스 코크의
# 시장중심경영

찰스 코크의
# 시장중심 경영
# THE SCIENCE OF SUCCESS

찰스 G. 코크 지음 | 문진호 옮김

 시아

# 머리말

"자신의 의무를 다하고 자기가 한 약속을 지켜라. 가능하다면 존경할 만한 사람과 함께 사업을 해라. 기독교적 윤리를 바탕으로 한 계약이나 변호사들은 불명예스러운 결과를 가져다주지는 않을 것이다."
- 프레드 C. 코크[1]

이 책은 코크 인더스트리즈KII : Koch Industries, Inc.가 오늘날 세계적으로 성공한 사(私)기업 중 하나로 성장할 수 있게 한 차별화된 경영 철학인 시장중심 경영MBM : Market-Based Management을 소개한다.

내가 아버지 회사에 입사한 1961년 이래 코크 인더스트리즈는 주식의 가치로만 따지더라도 2,000배 가량 증가했다배당금이 재투자되었다고 가정했을 때. 보통의 대기업들과는 다르게 코크 인더스트리즈는 그 규모가 커짐에도 불구하고 지속적으로 빠른 성장세와 수익률을 보인다. 우리는 자주 이러한 지속적인 성장세의 원동력이 무엇인지를 묻는 질문을 받게 된다. 이 질문에 대한 해답은 바로 '시장중심 경영'이다.

우리가 말하는 시장중심 경영은 자유사회가 번영하도록 하는 기본 원칙들을 기업에 적용시킨 것으로, 궁극적으로는 기업의 장기적 성장을 돕는 원리다. 우리는 이것을 다시 비전, 미덕과 재능, 지식 프로세스, 결정권, 인센티브라는 다섯 가지 측면으로 나누어 이야기한다. 나는 이에 대해 두 가지 사항을 강조하고 싶다. 첫째, 우리는 앞서 말한 다섯 가지 용어들을 기존 경영서적에서 다룬 의미와는 조금 다른 의미로 사용한다는 것이다. 예를 들어, 우리에게 비전은 단순히 목표나 열망을 표현한 단순한 리스트가 아니다. 우리가 말하는 비전이란 좀 더 역동적이며 고객과 사회를 위해 어떤 식으로 가치창조를 할 것인지에 대한 탐구를 바탕으로 항상 변화하고 발전하는 개념이다. 이러한 이유에서 우리의 비전은 변화해야 하며 실제로도 항상 변화한다.

둘째, 우리는 시장중심 경영을 다섯 가지 측면으로 설명하지만, 접근방식은 단순히 이 다섯 가지 요소의 합이 아니라는 사실을 명심해야 한다. 앞서 말한 다섯 가지 측면과 각각의 주요 개념들이 전체적인 개념으로 이해되고 모든 요소들이 결합되어 상호작용을 하는 방식으로 적용된다면 그 효과는 지속적으로 변화할 것이다.

생물체가 분자의 단순한 집합체 이상인 것처럼 앞서 말한 요소들을 모두 결합시킨 기업은 구성원, 기업 활동, 자산의 단순한 집합체 이상의 의미를 갖는다.

한편, 우리의 시장중심 경영 프레임워크 또한 항상 완벽할 수는 없고 이를 정하는 데도 적지 않은 시간이 걸린다. 이것은 이

책에 제시된 시장중심 경영을 완성하는 데만도 몇 년의 시간이 걸렸다는 사실만으로도 쉽게 알 수 있다. 같은 예로, 현재 우리의 시장중심 경영 프레임워크는 1990년대 초반 처음 완성되었지만 사실 이 또한 훨씬 오래 전부터 발전해온 개념과 모델을 바탕으로 했다는 사실을 명심해야 한다.

가치관과 기업가 정신에 대한 강조와 같은 시장중심 경영의 몇몇 주요 사항들은 코크 인더스트리즈의 공동 창업자인 나의 아버지 프레드 C. 코크에 의해 창안되었다. 아버지는 우리에게 진정으로 중요한 노력, 성실, 정직, 그리고 평생 교육의 가치들을 몸소 증명해 보이셨다.

시장중심 경영을 구성하는 데 가장 중요한 역할을 한 것은 단연 독서와 학습으로부터 얻은 지식이었다. 락 아일랜드사코크 인더스트리즈의 모태 회사에 입사한 직후 나는 두 가지 강한 열정을 마음속에 품었다. 한 가지는 위대한 기업을 만들겠다는 열정이었고, 다른 하나는 사회적 번영과 진보를 이끌 수 있는 원칙을 밝혀내고자 하는 열정이었다. 역사, 경제, 철학, 과학, 심리학 등의 다양한 분야에 대한 학습을 통해 나는 이 두 가지 열정을 동시에 실현시킬 수 있는 방법을 찾아내는 데 성공했다.

내가 지금까지 탐독한 수많은 서적 중 F. A. 하퍼F. A. Harper의 『왜 임금은 인상되는가Why Wages Rise』와 미제스Ludwig von Mises의 『인간 행위의 경제학*Human Action*』은 특히 나의 지적 능력 발달에 큰 영향을 주었다. 하퍼는 그의 저서에서 진정한 의미의 임금 인상에 대해 명확하게 설명했을 뿐만 아니라 이를 가공의 임금 인상과 차별화했다. 또한 그는 실질적인 임금은 노동력의 한계 생산력에 따라 결정된다고 설명했다. 한편,『인간 행위의 경제학』에서 미제스는 개인 소유에 바탕을 둔 시장경제와 법률의 법칙은 사회 질서, 평화, 번영을 유지하는 데 큰 역할을 한다고 주장했다.

엔지니어로서 나는 정해진 법에 따라 운영되는 자연의 세계에 대해 제대로 이해하고 있다. 이런 자연의 세계와 마찬가지로 인류의 풍요로운 삶을 위해서도 일정한 법칙이 존재해야 한다.

나는 오직 소유권이 확실히 인정되고 보장되는 사회, 모든 사람이 자유롭게 발언할 수 있는 사회, 자유로운 교환이 이루어지는 사회, 그리고 더 나은 활동을 이끌기 위한 자유로운 가격 결정이 가능한 사회에서만 비로소 번영이 가능하다는 사실을 깨달았다. 또한 모든 사회 구성원들이 정의에 어긋나지 않는 범위 내에서 서로 자유로이 개인의 이익을 추구할 수 있을 때 비로소 사회적 진보가 가능하다는 사실도 새로 알게 되었다.

이러한 법칙들은 실제 우리가 속해 있는 사회적 안녕뿐 아니라 기업이라는 작은 사회의 안녕을 위한 기본적인 요소다.

시장중심 경영의 마지막 참고 자료는 우리가 시도했던 새로운 접근방식이나 혁신, 시행착오 등을 통해 얻은 교훈과 경험이다. 우리는 지금까지 다양한 경영 원리들을 적용시켜 발전해 왔고, 이러한 경험에서 얻는 지식과 교훈을 바탕으로 앞으로도 계속 발전해 나갈 것이다.

이 책은 시장중심 경영의 각각의 측면에 대해 각 장을 할애해 설명했다. 이 책을 쓰는 동안 나는 두 종류의 독자를 염두에 두었다. 첫 번째는 코크 인더스트리즈의 현재 직원들과 미래의 잠재적인 직원들이다. 이 책은 이들을 염두에 두고 우리의 경영 원칙과 이유를 설명한다. 우리는 직원들이 이 책을 읽음으로써 그들의 기여도를 극대화할 수 있고, 개인의 잠재력 또한 충분히 발휘할 수 있게 될 것이라고 믿는다. 이렇게 함으로써 각각의 직원들은 다시 회사가 다양한 실험과 시장중심 경영의 이해와 올바른 적용을 통해 좋은 결과를 얻을 수 있도록 돕게 된다.

두 번째는 그 대상 범위가 더 넓은, 사업 일선에 있는 독자들이다. 시장중심 경영은 오늘날 어느 경영서적에서든지 쉽게 찾아볼 수 있는, 성공 기업의 자질과 같은 단순 리스트가 아니다. 이것은 기업이 사회와 이익의 조화를 이룰 수 있게 하는 방법이다. 이런 의미에서 시장중심 경영은, 오늘날과 같은 치열한 경쟁 사회에서 살아남고 번영하기 위해서는 원칙을 지키며 사회를 위한 장기적인 진정한 가치 창출에 힘을 쏟아야 한다는 점을 강조한다.

시장중심 경영은 기업의 모든 측면을 고려하여 체계화된 이론에 바탕을 둠으로써 그 유효성을 인정받는다. 아울러 그동안 코크 인더스트리즈를 경영하는 데 효과적으로 작용했기에 다른 기업에도 긍정적인 결과를 가져다줄 것이다. 나아가 나는 이 책이 장기적으로 진정한 가치를 창조하고자 하는 개인과 기업에 큰 도움이 될 것이라고 확신한다.

나는 시장중심 경영과 이를 실천하기 위한 우리의 행동의 결합이 성공을 위한 열쇠라고 믿는다. 하지만 한 가지 명심할 것은 과거의 행동이 미래의 성공을 보장하지는 않는다는 사실이다. 시장경제가 불확실한 미래를 향한 지속적인 실험을 통해 새로운 사실을 발견해 나가는 것이라는 점을 감안했을 때, 시장중심 경영은 끊임없는 배움과 발전의 과정이다. 즉, 그 자체가 목표라기보다는 하늘에 떠 있는 북극성처럼 더 나은 가치 창조를 이끄는 안내자 역할을 하는 것이다. 끝으로 나는 저자로서 이 책에 소개된 원칙들을 이해하고 적용시키고자 노력하는 독자들에게 항상 성공이 함께하기를 기원하는 바이다.

찰스 G. 코크
위치타, 캔자스

# 감사의 말

지난 40년간 긍정적인 결과를 달성하기 위해 어떻게 시장중심 경영을 적용시켜야 하는지에 대한 답을 얻는 데 도움을 준 수많은 관계자 모두에게 감사의 말을 전한다. 특히 이 책을 쓰는 동안 소중한 충고와 조언을 아끼지 않은 리치 핑크와 스티브 데일리에게, 또한 편집을 도와준 로드 런드에게도 감사하다. 만약에라도 내용 중 착오나 실수가 있다면 이것은 전적으로 본인의 책임임을 미리 밝힌다.

또한 최고의 사업 파트너인 나의 형 데이비드와 마셜 가족에게 감사하다. 특히 지난 34년을 함께한 아내 리즈에게도 감사하다. 그녀의 변하지 않는 사랑과 지원은 나의 인생을 변화시켰다. 만약 지금까지 이들 모두의 도움이 없었더라면 나는 아무것도 이룰 수 없었을 것이다.

찰스 G. 코크

# Contents

"두려움에 귀 기울이지 말라."

프레드 C. 코크[1]

# THE SCIENCE
# OF SUCCESS

"미래를 예측하고자 하는 사람은 과거에 대해서도 잘 알아야 한다." H. G. 본(H. G. Bohn)[2]

"진정한 의미의 성장하는 산업이라는 것은 존재하지 않는다. 대신 성장 기회를
만들어내고 이러한 기회를 이용하기 위해 구성되고 운영되는 기업만이 존재할
따름이다. 스스로가 저절로 성장하게 될 것이라고 생각하는 몇몇 산업들은 머지않아
곧 침체 상태에 빠지게 된다." - 테오도르 레빗(Theodore Levitt)[3]

**CHAPTER 1**
# 사업의 발전 과정

코크 인더스트리즈의 발전과정을 통
해 시장중심 경영<sub>MBM : Market-Based Management : 직원의 직위나 직급이 아닌, 직</sub>
<sub>원이 창조하는 가치에 따라 책임과 보상이 결정되는 일종의 자유방임적이면서 시장중심적인 경영</sub>
<sub>방식-역주</sub>이란 무엇인지 알아보고, 반대로 이것이 코크 인더스트리
즈의 발전에 어떤 영향을 미쳤는지 살펴보자.

코크 인더스트리즈의 역사는 나의 할아버지인 해리 코크가
한 인쇄소에 견습생으로 들어가게 되면서 시작된다. 할아버지는
1888년 네덜란드에서 미국으로 이민을 왔고, 그 후 3년 뒤 텍사
스 콰너 지역에 자리를 잡는다. 그곳에서 할아버지는 부도 위기
에 놓인 주간 신문사와 인쇄소를 인수하게 되는데, 지금까지도
여전히 발간되고 있는 〈트리뷴 치프*Tribune-Chief*〉가 바로 그때 인수
한 주간 신문사였다.

쾌녀는 워낙 가난한 지역이었기에 당시 대다수의 고객들이 할아버지에게 물물교환 방식으로 신문 값을 지불하곤 했다. 그 후 1900년에 태어난 나의 아버지 프레드 C. 코크는 일찍이 쾌녀에 계속 머물거나 인쇄 사업을 계속 이어가는 것으로는 크게 성공할 수 없다고 판단하고, 라이스대학Rice University : 미국 텍사스 주 휴스턴에 위치한 종합대학-역주에서 공학을 전공하기 위해 고향을 떠났다. 그는 그곳에서 대학 2학년 때 학생회장으로 뽑히는 영예를 안기도 했다. 그러던 어느 날 그는 MIT 공대에 새로운 화학공학 프로그램이 생긴다는 소식을 접하게 된다. 그 길로 곧바로 MIT 공대로 편입했다. 그곳에서도 그는 복싱 팀의 주장으로 활동하는 등 여전히 학교활동에 적극적으로 참여했으며, 결국 1922년에 우수한 성적으로 졸업했다. 덕분에 그는 졸업과 동시에 세 군데의 회사로부터 스카우트 제의를 받았다.

1925년 아버지는 대학 동기의 제안으로 캔자스 주 위치타 지역에 위치한 엔지니어링 회사에 입사하게 된다. 2년 후 그 회사는 윙클러-코크 엔지니어링Winkler-Koch Engineering Company으로 다시 이름을 바꿨고, 아버지는 그곳에서 중유를 가솔린으로 전환하는 획기적인 열분해 프로세스thermal cracking process를 개발했다. 그리고 이 획기적인 발명은 곧 비용 절감과 '기계사용 시간의 최대화'를 가져와 회사에 높은 이익률을 안겨주었다.

이후 윙클러-코크사는 이 새로운 프로세스를 소규모 정유사들에게 팔기 시작했고, 이 때문에 곧 메이저급 정유회사들의 시기를 사게 된다. 당시에는 기술 개발을 효과적으로 감독하기 위해 몇몇 메이저급 정유회사들끼리 모여 페이턴트 클럽Patent Club이라는 단체를 결성했다. 이들은 자신들만의 특허 기술을 페이턴트 클럽에 소속시켜 한데 모아 관리했다. 페이턴트 클럽은 다시 UOPUniversal Oil Products Company사의 관할 하에 있었다. UOP사는 지금도 그렇듯이 당시에도 가장 영향력 있는 정유회사였다. 다만 한 가지 다른 점이라면 그때 당시 UOP사는 몇몇 큰 회사들에 의해 공동 운영되었다는 점일 것이다.

아버지의 획기적인 열분해 프로세스는 당시 누구에게나 무상으로 제공되었던 반면, 페이턴트 클럽에 의해 관리되는 특허 기술들은 모두 높은 로열티를 요구했다. 때문에 1929년 가격 경쟁력에서 밀리게 된 페이턴트 클럽은 윙클러-코크사와 그 고객들을 상대로 특허법 위반 소송을 제기했다. 이 소송으로 말미암아 순항 중이던 윙클러-코크사는 순식간에 바닥으로 곤두박질쳤다. 그럼에도 윙클러-코크사는 구소련에만 열다섯 곳 넘게 분해시설을 짓는 등 해외시장으로 눈을 돌려 돌파구를 마련하는 데 노력을 기울였다. 그 덕분에 대공황 초기에 어려움을 겪은 다른 기업들과는 달리 윙클러-코크사는 설립 이래 최고의 전성기를 맞게 된다.

　아버지는 당시 구소련을 "굶주림과 고통 그리고 테러의 땅"이라고 표현했다. 실제로 그와 같이 일하던 구소련 출신 기술자들은 모두 스탈린 정부에 의해 추방당한 사람들이었다. 그들과 같이 일하며 주변의 몇몇 사회주의 옹호자들로부터 전해 들은 사회주의적 관념과 견해는 그로 하여금 사회주의를 더욱 부정적인 시각에서 바라보게 만들었을 뿐만 아니라, 그가 훗날 철저한 반사회주의자가 되는 데 지대한 영향을 미쳤다.

　23년이나 계속된 페이턴트 클럽과의 법정 다툼은 단 한 번의 패소를 제외하고는 모두 윙클러-코크사의 승소로 마무리되었다. 게다가 그 한 번의 패소마저도 담당판사의 뇌물수수 혐의가 드러나 판결이 번복되면서 결국 윙클러-코크사의 완벽한 승리로 이어졌다. 이 기나긴 법정 다툼의 파장은 실로 대단했다. UOP사를 공동 소유하고 있던 메이저급 정유회사들은 결국 UOP사를 미국 화학회American Chemical Society에 '기증'이라는 그럴싸한 명목 아래 떠넘겼다. 이 사실을 알게 된 윙클러-코크사는 이에 맞서 맞고소했고, 결국 1952년 150만 달러의 합의금을 받는 조건으로 사건은 일단락되었다. 물론 150만 달러라는 합의금은 실로 엄청난 액수였지만, 훗날 아버지는 나에게 다음과 같이 충고하셨다.

　"절대 누군가를 먼저 고소하지 마라. 아무리 합의금을 많이 받더라도 변호사에게 3분의 1, 정부에 3분의 1 떼어주고 나면 정작 자신에게 돌아오는 돈은 얼마 되지도 않을뿐더러 이미 사업은 망가질 대로 망가진 후일 테니 말이다.”

나는 아버지의 이런 충고를 따르려고 항상 노력했고, 그 결과 실제로도 누군가에게 먼저 소송을 제기한 적은 한 번도 없다. 하지만 안타깝게도 아버지는 다른 사람으로부터 고소당하는 것을 피하는 방법에 대해서는 알려주지 않으셨다. 훗날 내가 다른 사람에 의해 법정에 제소되는 일이 꽤 자주 있었던 것을 고려하면 말이다.

1940년 아버지는 동부 세인트루이스에 위치한 새로운 정유회사로 자리를 옮겼다. 그 회사는 일일 정제량 1만 배럴 이상의 규모를 자랑했다. 바로 오늘날의 코크 인더스트리즈의 모태인 우드 리버Wood River 정유사였다. 아버지는 당시 우드 리버사의 초기 주주 다섯 명 중 한 명이었던 동시에 공장 운영을 맡은 책임자였다. 한편 초기 주주 중 한 명으로서 아버지는 회사 전체 지분의 23%를 23만 달러에 사들이기도 했다.

우드 리버사는 제2차 세계대전 기간 중 90%에 달하는 초과 이득세를 부담해야 했고, 초기 주주들 간의 갈등으로 인해 처음 사업을 시작했을 당시 어려움을 겪었다. 1944년에는 초기 주주 중 두 명이 그들의 지분을 회사에 다시 팔았다. 이어 1946년에는 오클라호마 던컨 지역 근처에 일일 정제량 8,000배럴이 넘는 정유사와 일일 1만 배럴 이상 규모의 원유 집하시설을 10%의 지분을 제공하는 조건으로 40만 달러에 확보했다<sub>원유 집하 시스템은 원유를 채집</sub>지에서부터 각각의 주요 파이프라인으로 운송한다. 그리하여 새로 인수한 정유사와 원유 집하시설은 다시 락 아일랜드<sub>Rock Island</sub> 정유사의 이름으로 자회사로 분리되어 나갔다. 비록 락 아일랜드사는 1949년에 곧 문을 닫게 되었지만, 당시 확보한 원유 집하시설은 훗날 우드 리버사의 성장에 큰 도움을 주었다.

하지만 1950년 우드 리버사는 다른 회사에 매각되었고, 기존 주주들도 그들의 지분을 다시 회사에 팔아넘겼다. 그 덕분에 아버지는 우드 리버라는 회사 이름을 사용할 수 있는 권한을 얻었고, 자신에게 배당된 주식 수익금으로 미네소타와 텍사스 등지의 목장을 사들였다. 이렇게 시작된 목장 사업은 분리기<sub>비등점의 차</sub>이를 이용한 액체 분리 기술을 적용시킨 기계-역주 개발과 함께 아버지의 주요 관심 분야가 되었다. 아버지는 그 밖에도 섬유 유리 파이프, 캠핑카, 가정용 냉각탑 분야로까지 사업 영역을 확장했다. 심지어 한 번은 상업용 항공기에 작은 전투용 폭격기의 엔진을 장착하려는 구상까지 했었지만 결국 실패로 돌아갔다.

이렇게 다양한 사업적 도전 외에도 아버지에게는 또 하나의 도전과제가 있었다. 그것은 다름 아닌 말썽꾸러기 자녀들을 다

## 케스케이드 분리판

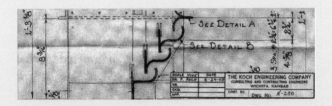

프레드 C. 코크가 개발한 혁신적인 디자인의 케스케이드 분리판은 1949년 코크 엔지니어링에 의해 처음 소개되었다. 케스케이드 분리판은 알맞은 처리량이 주어졌을 때 제품 효율성이 25% 증가하고 생산력이 50% 향상하는 효과를 얻을 수 있었지만, 처리량이 조금이라도 증가하거나 감소할 경우 그 효율성이 급격히 떨어지는 것이 가장 큰 단점이었다.

프레드 C. 코크는 훗날 고객이 우연히 케스케이드 분리판을 거꾸로 장착하는 것을 계기로 삼아 기존 분리판의 단점을 보완한 더 우수한 분리판을 개발해 냄으로써, 더 이상의 케스케이드 분리판 디자인을 중단했다.

루는 일이었다. 나는 1935년에 4형제 중 둘째로 태어났다. 아버지는 나에게 올바른 노동관을 심어주기 위해 어려서부터 여러 가지 일을 맡기셨고, 이러한 일들을 처리하는 과정을 통해 깨달음을 얻게 하셨다. 비록 그때는 아버지의 이런 교육 방침이 항상 불만이었지만, 지금 와서 생각해 보면 무엇보다도 값진 교육 방침이었던 것 같다.

나는 처음부터 그다지 모범적인 학생은 아니었다. 하지만 열심히 노력한 결과 MIT 공과대학에 입학하게 되었고, 그곳에서 학사 학위뿐만 아니라 공학 석사 학위도 두 개나 받았다. 그리고 졸업과 동시에 보스턴에 있는 아서 D. 리틀Authur D. Little, Inc.이라는 유명한 컨설팅 회사에서 일을 시작했다.

그곳에서 2년 정도 일했을 때쯤 나는 아버지로부터 고향으로 돌아와 회사를 물려받으라는 연락을 받았다. 하지만 그 당시 다니던 직장에 이미 만족하고 있던 터라 처음에는 이런 제안을 거절했었다. 그러자 아버지는 자신의 건강이 악화되었기에, 회사를 물려받지 않는다면 어쩔 수 없이 회사를 다른 사람에게 팔 수밖에 없다는 최후통첩을 보내 오셨다. 결국 어쩔 수 없이 고향으로 돌아와 아버지 회사에 입사했다.

1961년 회사는 다시 락 아일랜드 정유사로 이름을 바꿨다. 설립 초기의 사업 규모는 낙농사업 외에 오클라호마에 있는 원유 집하시설과 그레이트 노던Great Northern 정유사의 35% 지분을 포함했다. 당시 일일 정제량 3만 5천 배럴을 자랑하고 미네소타 세인트폴에 위치한 그레이트 노던사의 지분은 1959년 싱클레어 정유Sinclair Oil로부터 획득한 것이었고그때부터 지금까지 우리는 이 정제소의 규모를 차츰 늘려왔고 그 결과 지금은 그때보다 열 배가 넘는 규모를 자랑한다. 주요 주주로는 퓨어 정유Pure Oil와 그레이트 노던사의 공동 창업주인 J. 하워드 마셜 2세J. Howard Marshall II가 있었다.

아버지는 항상 근면하고 겸손할 것을 강조하셨다. 고향 위치타로 돌아갔을 때 아버지는 나에게, "성공하고 싶다면 무엇보다도 먼저 실패를 경험해야 한다. 그래야만 비로소 겸손해질 수 있기 때문이다."라는 말을 하셨다. 하지만 지금 와서 돌이켜보니 적어도 이 점에 대해서는 아버지가 걱정하실 필요는 없었다는 생각이 든다. 왜냐하면 그 후 실제로 여러 번 실패를 경험했기 때문이다.

아버지 회사에 입사한 후 주어진 첫 번째 임무는 코크 엔지니어링이 당시 유럽 각국에서 여러 분리판 생산자들과 다중 계약을 맺음으로써 발생시킨 문제들을 해결하는 것이었다. 문제해결을 위해 나는 여러 가지 시도를 감행했다. 그중 하나가 바로 유럽 지역에 자체 생산공장을 설립하는 것이었다. 그 생산공장은 당시 락 아일랜드사와는 별개로 우리 코크 4형제가 공동으로 소유한 회사 소속이기도 했다. 설립 당시 이 회사의 규모는 위치타의 '플렉시트레이Flexitray' 생산공장 하나가 회사의 전부일 정도로 작았다. 하지만 유럽 지역에 자체 생산공장을 설립하고자 많은 시간과 노력을 들인 결과, 결국 이탈리아 베르가모Bergamo 외곽 지역에 자체 생산공장을 짓는 데 성공했다. 이 과정에서 아버지는 나에게 지시를 하기보다는 최대한 나의 의사를 존중하려 하셨고, 이 점에 대해서는 지금까지도 매우 감사하게 생각한다.

코크 엔지니어링은 수십 년간의 긴 시간 동안 페이턴트 클럽과의 법정 다툼으로 인해 큰 손해를 본 윙클러-코크사가 해체되고 생긴 회사다. 한편, 1944년 아버지와 동업자 루이스 윙클러는 각자가 추구하는 길이 다르다는 사실을 깨달았으며, 결국 이들의 파트너십도 깨지고 말았다. 이듬해인 1945년에 아버지는 코크 엔지니어링이란 새로운 회사를 설립하면서 독자적으로 엔지니어링 사업을 계속 이어갔다. 아울러 코크 엔지니어링의 전체 지분 중 3분의 2는 나를 포함한 우리 4형제가 소유하게 되었고, 나머지 3분의 1은 사장 해리 리트윈에게 배당되었다. 하지만 이로부터 얼마 지나지 않은 1954년에 플렉시트레이 사업을 계속하려는 코크 엔지니어링과는 달리 해리 리트윈은 엔지니어링 사업을 계속하고자 했다. 결국 따로 회사를 차려 나가게 된다.

내가 코크 엔지니어링을 맡았을 초기에는 회사의 재정상태가 안 좋아질 대로 안 좋아져서 연 매출액은 200만 달러에도 못 미쳤다. 아니, 더 솔직히 말하자면 겨우 적자만 모면하고 있던 상황이었다. 이 문제를 해결하기 위해 나는 먼저 유럽의 다른 지역에 추가적인 생산라인을 설립하기보다는 기존의 플렉시트레이에 대한 마케팅을 더욱 강화하고 이와 관련된 타워 패킹, 안개 제거기, 오염 통제장치 생산에 더 주력했다. 이러한 시도는 다행히 성공적이었고, 그 덕분에 나는 1963년에 코크 엔지니어링의 사장으로 승진하기에 이르렀다. 게다가 1965년에는 높은 순이익률과 함께 매출액 또한 두 배 이상 상승하는 쾌거를 이루었다.

사업이 어느 정도 안정궤도에 오르자 사업의 장기적인 번영과 발전을 위해 필요한 것은 무엇인지 탐구하기 시작했다. 예컨대 일하는 시간을 제외한 나머지 시간을 모두 역사와 인류학 공부에 쏟아 부으면서, 사업운영에 도움이 될 만한 사항이 있으면 이를 실제로 사업에 적용해 봤다.

나는 락 아일랜드사의 부사장으로서 회사의 주력 사업분야인 원유 집하사업을 일으켜 세우기 시작했다. 이를 위해 훗날 코크 인더스트리즈의 사장이 되는 스털링 바너와 손을 잡았다. 그와 나는 곧 훌륭한 팀워크를 발휘하여 곳곳에 파이프라인 시설을 구축하는 동시에 여러 운송회사들을 인수하기 시작했다.

아버지는 우리의 이러한 사업전략을 전적으로 지지해 주셨지만, 한편으로는 본인의 나쁜 건강 상태를 감안해서 적어도 훗날 자신의 상속세를 내기 위한 자금만은 충분히 확보해 놓기를 당부하셨다. 한 번은 아버지가 해외 출장을 가기 직전에 노스다코

타 주에 있는 두 곳의 원유 운송회사의 인수 건을 놓고 허락을 받으려 한 적이 있었다. 그런데 아버지는 우리가 인수하고자 하던 두 회사 중 오직 한 곳만 인수하기를 허락하셨다. 그렇지만 스털링과 나는 아버지가 출장을 떠나시자마자 당장 두 회사 모두를 사들였다. 나중에 이 사실을 알게 된 아버지는 몹시 언짢아하셨지만, 결과적으로 두 곳 모두에서 높은 수익률을 얻게 되자 결국 우리를 용서하셨다.

원유 집하사업은 하루가 다르게 번창했지만, 반대로 아버지의 건강은 날이 갈수록 악화되어 갔다. 결국 1966년 아버지는 나를 락 아일랜드사의 사장으로 임명해, 만약에라도 생길 불상사를 대비했다. 하지만 안타깝게도 이듬해인 1967년 아버지는 두 번의 심장발작을 일으킨 끝에 세상을 떠나고 말았다. 한편, 우리는 락 아일랜드사를 아버지의 이름을 따서 코크 인더스트리즈로 다시 이름 지었다. 돌아가시기 전 아버지 밑에서 일한 경험은 실로 값진 것이었으며, 회사뿐만이 아니라 나 자신도 아버지로부터 많은 영향을 받았다. 아버지는 존 웨인John Wyane: 미국의 유명한 영화배우-역주과 같이 잘생긴 외모에 카리스마까지 넘쳤다. 또한 항상 무엇인가를 탐구하고자 하는 학문적 호기심이 넘쳤을 뿐만 아니라 겸손하고 정직하셨던 분이었다. 그런 아버지의 죽음으로 인해 나는 겨우 서른두 살에 아버지의 뒤를 이어 최고 경영자 자리에 올랐다.

　이후에도 스털링과 계속해서 원유 집하사업에 열을 올렸다. 스털링의 뛰어난 리더십을 바탕으로 사업은 나날이 번창했고, 1960년에 일일 정제량 6만 배럴 규모에서 1990년 100만 배럴 규모 이상의 기업으로 성장하며 북미 지역 최대의 원유 구매업체인 동시에 최대의 원유집하 기업으로 자리매김했다.

　한편 코크 인더스트리즈의 성공은 최단 시간 안에 최고의 서비스를 제공함으로써 모든 생산자, 소비자와 최상의 관계를 유지하려는 비전을 바탕으로 가능했다. 한 예로 우리는 원유산지에 항상 운송트럭을 대기시켜 놓음으로써 원유를 채집과 동시에 곧바로 집하지까지 운송 가능하도록 했다. 또한 동종 업계 다른 기업들과의 경쟁에서 살아남기 위해 여러 곳에 파이프라인 시설을 건설하고 파이프라인과 운송 시스템을 효율적으로 유지하는 데 많은 노력을 기울였다. 예컨대 보통 다른 파이프라인 건설회사의 경우 자신들의 손해를 최소화하기 위해 원유 공급자들에게 파이프라인 건설 조건으로 원유의 존재 여부에 대한 확실한 검증과 높은 고정관세 등의 조건을 요구하는 것이 보통이었다. 이러한 방법은 파이프라인 건설 과정을 더욱 지연시킬 뿐만 아니라 원유 공급자들에게도 큰 부담으로 다가왔다. 하지만 우리는 이와 반대로 원유 존재 가능성이 조금이라도 있다면 언제 어디에서든 파이프라인 건설을 시작할 준비가 되어 있었다. 즉, 좀 더 나은 서비스 제공을 위해 위기를 감수하면서까지 남보다 신속하게 움직이는 이러한 운영방식은 코크 인더스트리즈를 곧 원유집하 사업분야의 선두 주자로 만들었던 것이다.

사업의 규모가 커지고 이에 따라 증가한 채집 원유량이 판매량을 초과하게 되자 우리는 원유무역을 시작했으며, 이것은 훗날 코크 인더스트리즈의 원유무역 사업의 발판을 마련했다. 이밖에도 우리는 좀 더 나은 가치를 창출하기 위해서 원유를 원료로 한 제품 생산도 시작했다.

마침내 1970년 빌 해너Bill Hanna : 1987년에서부터 1999년까지 코크 인더스트리즈의 최고 운영 책임자를 역임한 인물와 빌 캐피Bill Caffey : 당시 코크 인더스트리즈의 부사장을 역임했고 현재는 조지아 퍼시픽사에 소속된 인물의 지휘 아래 우리는 액화가스의 집하와 분리, 무역에까지 차츰 사업영역을 확장시켜 나갔고, 나아가 미국 내 동종 업계 최대 규모의 기업으로 성장했다. 액화가스 사업분야에서의 성공적인 경험을 바탕으로 코크 인더스트리즈는 천연가스 사업분야로까지 사업규모를 확장했다.

한편 당시 진행하고 있던 가스사업과 그 외 여러 관련 사업들은 결과적으로 질소 화학비료 사업의 시작을 불러오게 되고, 이렇게 설립된 코크 나이트로젠Koch Nitrogen은 그 후로도 계속 질소 화학비료 분야의 선두주자 역할을 이어나갔다.

코크 인더스트리즈의 발전과정 중에서 가장 주목할 만한 사건은 1969년의 그레이트 노던사의 기업 지배권 획득이었다. 이것은 곧 코크 인더스트리즈 설립 초기의 주력 사업이었던 원유 정제사업을 20년 만에 다시 재개할 수 있게 한 점에서도 큰 의미가 있는 사건이었다. 1969년 우리는 유니언 오일사<sub>퓨어 오일사를 인수한</sub>가 소유한 40%의 그레이트 노던사 지분을 사들이기 위해 유니언 오일사와 접촉을 시도했다. 하지만 그들은 시장가격보다 훨씬 높은 가격을 요구했고, 결국 우리는 이 제안을 거절했다. 그러자 유니언 오일사는 자신들 소유의 지분을 다른 정제회사들에게 팔아넘기려 했다.

이에 맞서 우리는 그레이트 노던사의 또 다른 대주주인 J. 하워드와의 접촉을 시도했다. 우리는 그에게 그와 우리 쪽 모두의 그레이트 노던사 지분을 다 합쳐 코크 파이낸셜<sub>Koch Financial Corp.</sub>을 세우자는 제안을 했다. 아울러 우리는 J. 하워드가 소유하게 될 코크 파이낸셜 지분 30%를 나중에 면세의 혜택을 주면서 코크 인더스트리즈의 주식으로 전환시켜줄 것이라는 약속도 했다. J. 하워드는 이 같은 제안을 흔쾌히 받아들였고, 이것은 훗날 유니언 오일사와 다른 소액 주주들이 소유한 그레이트 노던사의 나머지 지분들마저 적당한 가격에 모두 사들이는 데도 큰 역할을 했다.

코크 인더스트리즈는 유니언 오일사가 소유하고 있던 그레이트 노던사의 나머지 지분을 모두 사들이면서, 여러 방면으로 전보다 더 많은 기회를 접하게 된다. 조 몰러Joe Moeller : 1999년부터 2005년까지 코크 인더스트리즈의 사장과 최고 운영 책임자를 역임했고 훗날 조지아 퍼시픽의 최고 경영자를 지낸 인물의 지휘 아래 정제사업은 전보다 열 배 이상 성장할 수 있었다. 정제사업은 다른 화학사업뿐 아니라 특히 최근에 들어서는 섬유, 중합체polymer: 분자가 중합하며 생기는 화합물–역주 사업의 기본이 되고 있다.

코크 인더스트리즈의 화학사업은 1981년 선 오일사의 코퍼스 크리스티 정제소 및 화학시설을 인수하면서 본격화됐다. 그리고 사업의 규모는 차츰 성장해서 현재는 당시보다 다섯 배 이상 규모가 커진 상태다.

한편 섬유, 중합체 사업은 1998년 회호스트Hoechst사의 폴리에스테르 사업의 절반을 인수하면서 본격화되었는데, 이는 우리가 그들의 기초 원자재를 납품하는 주요 납품업체였기에 가능한 일이었다. 한편 2001년에는 회호스트사의 사업의 나머지 절반을 인수한 데 이어 2004년에는 듀폰사의 나일론, 스판덱스, 폴리에스테르 사업인 인비스타도 인수했다. 인비스타는 스테인마스터 STAINMASTER 카펫과 라이크라LYCRA 스판덱스와 같이 널리 알려진 섬유 브랜드를 소유한, 세계적인 규모의 혼합섬유 제조사다.

원유 정제사업은 아스팔트 사업을 비롯한 석유 코크스와 유황 사업 등 다른 여러 가지 미가공품 유통업을 가능하게 하는 발판을 마련해 주었다. 이를 바탕으로 우리는 펄프, 제지, 마그네틱, 석탄, 시멘트의 제조와 유통사업도 시작했다. 보통의 원유탐사 회사들과는 달리 코크 엑스플로레이션Koch Exploration은 유통업 개념을 강조하는 차별적인 운영방식을 갖추고 있다.

우리는 제품 유통분야의 규모도 그동안 꾸준히 확장시켜 왔다. 이와 동시에 세계적인 수준의 시장지식과 계량분석을 비롯한 국제적인 수용력과 자산을 구축하기도 했다. 덕분에 오늘날 코크 인더스트리즈는 규모적인 면에서 보았을 때 뉴욕 상업 거래소New York Mercantile Exchange에서 영향력 있는 기업 중 하나로 인정받고 있다부록 A 참조.

미가공품 유통사업을 통해 배운 위기관리 능력과 같은 유용한 지식을 바탕으로 우리는 마침내 금융사업으로까지 그 영역을 확장했다. 충분한 자금 유동성과 1992년 크라이슬러Chrysler사의 시영 임대업 사업인수로부터 배운 요령을 토대로 우리는 좀 더 새로운 개념의 금융사업을 시작하기에 이르렀다.

한편, 형 데이비드 코크의 훌륭한 리더십 덕분에 코크 인더스트리즈는 프로세스 기기와 그 밖의 여러 기계 사업의 규모를 과거보다 500배 이상 크게 키우는 결과도 이뤄냈다. 1970년 기술

서비스 매니저로 입사한 후에 1979년에는 코크 엔지니어링의 사장을 역임한 그는 생산라인과 생산능력을 높은 수준으로 끌어올렸고, 이를 코크 화학기술그룹Koch Chemical Technology Group으로 발전시켰다. 현재 코크 화학기술그룹은 물질 전달, 연소, 열 전달, 막 분리 등의 공정 기술 분야에서 명실상부한 일인자로 자리매김하고 있다.

또한 우리는 2001년에는 비즈니스 개발사Business Development Group를 설립해서 회사 능력에 맞는 새로운 사업분야를 개척하는 데 힘을 기울였다. 임산물 가공산업이 바로 그중 하나라고 판단한 우리는 2004년에 마침내 두 곳의 임산물 가공업체를 인수하기에 이른다. 이후 여러 번의 실패를 거듭했지만 마침내 2005년 동종 업계의 선두 주자인 조지아 퍼시픽Georgia Pacific사를 인수했다. 총 210억 달러의 자금이 투입된 조지아 퍼시픽 인수는 코크 인더스트리즈 역사상 인수 비용을 가장 많이 들인 사례로 기록되었다. 조지아 퍼시픽 인수로 인해 우리는 훗날 임산물 가공산업과 소비재 산업분야에서 눈부신 성장을 이룰 수 있었다. 이러한 엄청난 성장의 밑바탕이 된 조지아 퍼시픽은 현재 세계 최대 규모의 티슈 생산업체로서 북미 지역에서만 퀼티드 노던Quilted Northern, 엔젤 소프트Angel Soft, 브로니Brawny, 딕시Dixie 등과 같은 이미 여러 개의 유명한 소비재 브랜드를 소유하고 있었다. 또한 임산물 가공업 분야에서는 덴스 월보드Dens Wallboard와 플리테니엄 합판Plytanium Plywood 등의 브랜드를 소유하고 있으며, 특히 건축자 재와 포장재 분야에서 두각을 나타내었다.

좀 더 높은 수익률을 얻기 위해서 보다 크고 혁신적인 기업으로 거듭나야 한다는 J. 하워드와 그의 아들 피어스 마셜, 그리고 데이비드와 내가 공통적으로 추구하는 비전을 바탕으로 코크 인 더스트리즈는 그동안 빠른 속도로 발전할 수 있었다. 우리는 우리의 회사가 규모 면에서 크고 혁신적인 기업으로 발전하기 위해서는 각자 능력에 맞는 지위와 권한, 그리고 수행능력의 결과에 따라 알맞은 보상이 주어지는 능력위주의 운영방식이 필요하다고 생각했다. 또한 이 같은 운영방식은 직원들에게 뿐만 아니라 주주들에게도 적용된다고 보고 수익 분배도 그들의 능력과 기여도에 따라 이루어져야 한다고 판단했다. 아울러 주주들에게 현재 수익을 얻는 것에만 안주하지 말고 미래에 더 높은 수익을 얻고자 한다면 재투자하길 요구했다. 이렇게 함으로써 주주들이 미래의 더 높은 수익창출에 대한 기대감을 갖고 장기적인 투자에 관심을 두도록 했다. 한편, 이러한 비전을 유지하기 위해 꼭 필요한 것은 서로 간의 신뢰와 조급해하지 않는 마음가짐일 것이다.

오늘날 코크 인더스트리즈는 열 개의 주요 사업군을 비롯하여 마타도르 축산Matador Cattle Co.과 벤처업체인 코크 제네시스Koch Genesis로 이루어져 있다. 마타도르 축산은 미국 축산업계 중 열 번째로 큰 규모를 자랑하며, 코크 제네시스는 코크 기업의 발전을 이끌 수 있는 획기적인 첨단기술이나 이러한 기술을 보유한 기업의 인수를 주요 업무로 하고 있다.

이제까지 소개한 회사 연혁만 보면 코크 인더스트리즈는 지금까지 계속 성공가도만 달려온 것처럼 보인다. 하지만 실제로는 그렇지 않다. 경제적으로나 기술적으로나 모든 것은 여러 번의 실험을 거치고 실패를 경험하면서 비로소 확실해졌다. 시장 경제가 실험을 통한 발견의 과정이라는 사실을 감안한다면 사업적 실패들은 결코 피해 갈 수 없는 필수적인 것이다. 때문에 오히려 이런 필연적인 실패를 피하려 하면 할수록 더 큰 실패를 경험하게 될 것이다. 따라서 무조건적으로 실패를 피하려 하기보다는 실패를 경험하게 되더라도 어떻게 그 손해를 최소화할 수 있을지를 생각하는 것이 우리의 과제일 것이다.

코크 인더스트리즈는 이러한 사실을 간과하여 실패를 여러 번 경험한 바 있다. 가장 대표적인 예는 1970년대의 석유탱크 사업의 과도한 성장이다. 1973년과 1974년 석유파동이 일어났을 때

석유사업 규모는 이미 우리의 한계능력 범위를 훨씬 웃도는 상황이었고, 이 같은 상황은 곧 우리에게 큰 손해를 안겨주었다. 그때의 실패로 많은 교훈을 얻은 것은 사실이지만 두 번 다시 겪고 싶지 않은 힘든 경험이기도 했다.

또 다른 실패는 우리가 농업분야로까지 사업규모를 넓히려 했었을 때 겪었다. 우리는 당시 이론적으로는 새로운 사업에 대한 준비가 완벽하다고 생각하고 곧바로 실전에 뛰어들었다. 하지만 최상급의 스테이크를 높은 가격에 팔려던 시도와 제분과정의 혁신, 쓰레기로 가축사료를 만들려는 시도당시로서는 획기적인 발명이라고 생각했다 등은 안타깝게도 모두 실패로 돌아갔고 우리에게는 큰 손해만 안겨주었다.

코크 인더스트리즈의 실패 사례로는 이 밖에도 여러 가지가 있다부록 C 참조. 하지만 한 가지 중요한 점은 코크 인더스트리즈가 중간에 그만둔 사업이라고 해서 그것들이 전부 실패였던 것은 아니라는 사실이다. 그 사업들은 분명 성공적이었다. 다만 우리가 추구하는 비전과는 더 이상 맞지 않았던 것뿐이었다. 따라서 우리에게 더 이상 맞지 않는 사업이라도 다른 이에게는 충분한 가능성의 기회로 여겨질 수 있다. 실제로 특정 사업을 다른 업체로부터 인수받아 더 발전시킨 성공적인 사례를 통해서도 이 같은 사실을 확인할 수 있다.

코크 인더스트리즈가 그동안 겪었던 어려움은 이러한 사업적 실패뿐만이 아니다. 우리는 사업 파트너와의 문제로 인해 아버지가 겪었던 것처럼 장기간에 걸친 법정소송에 휘말리기도 했었다. 한편, 우리가 겪었던 대부분의 파트너 문제는 서로가 추구하는 비전의 대립으로부터 발생된 것들이었다.

안타깝게도 코크 인더스트리즈와 관련된 법정소송들은 일반에 공개되어 한층 강화된 법규와 그에 따라 증가한 법정소송과 같은 부정적인 효과만을 더욱 부각시키는 결과를 초래했다. 그리고 이것은 곧 1980년대와 1990년대 정부의 적극적인 수사와 언론의 주목으로 이어진다. 때문에 우리는 이러한 어려운 상황에서 살아남기 위해 리치 핑크의 지휘 아래 공공부문을 세계적 수준으로까지 끌어올렸다. 아울러 이것은 시장중심 경영의 다섯 가지 요소를 관련법규, 정부와 지방자치와의 관계, 커뮤니케이션과 준법절차 등에 적용시킴으로써 가능했다.

이러한 공공부문의 강화는 직원채용과 복리후생, 인재개발, 전반적인 사업 규모, 경영진 선출방식, 정보 시스템, 지속적인 직원훈련 등 여러 분야에 대대적인 변화를 가져왔다.

하나의 기업으로서 "모든 일을 합법적이고 정직하게 해결한다."라는 이념 아래 모든 직원이 참여할 수 있는 공통된 시스템을 세울 필요가 있었는데, 그것이 바로 나중에 구성된 주요 지도

원칙이다.

하지만 복잡하고 언제 바뀔지 모르는 정부의 까다로운 요구조건들 때문에 효과적인 준수 프로그램을 정착시키는 데는 오랜 시간이 걸렸다. 여러 분야에서 전보다 발전한 것은 사실이지만 아직도 목표한 곳에 도달하려면 먼 길을 가야 했으며, 준수사항을 기업의 모든 분야에 적용시키기 위해서는 많은 노력이 필요했다. 꾸준한 노력을 통해 준수 프로그램을 강화한 결과 오늘날 코크 인더스트리즈의 준수 프로그램은 환경 분야에서 안전관리 분야에 이르기까지 20여 개의 분야를 총망라한다. 이것은 다시 채용, 트레이닝, 시스템, 자기 평가, 감사, 법적 절차, 심지어는 특정 사업의 매각전략에 대한 자세한 절차까지 다룬다. 한편, 이모든 것을 가능하게 하기 위해서는 개개인에게 임무를 부여하고그들이 임무에 따른 책임을 다할 수 있도록 해야 한다.

이와 같이 올바른 준수 프로그램이 차츰 정착되어 감과 동시에 사업은 다시 빠른 속도로 성장하기 시작했다. 나는 이러한 성장세의 지속적인 유지 여부는 시장중심 경영을 적시적소에 잘 적응시키는 우리의 능력에 달려 있다고 본다. 오늘날 우리는 내·외부적으로 과거보다 더 많은 혁신과 기회를 만들어내고 있다. 그렇지만 우리는 여기서 안주하지 않을 것이다. 우리는 항상 코크 인더스트리즈의 더 나은 미래를 위하여 좀 더 효과적으로 시장중심 경영을 적용시키기 위해 노력할 것이다.

그러기 위해서는 무엇보다 시장중심 경영에 대한 깊은 이해가 필요하다. 더 나아가 시장중심 경영의 각각의 요소들이 조화를 이루어서 상호작용을 하도록 하는 것이 중요하다. 다음 장에서 부터는 이러한 시장중심 경영의 요소들을 좀 더 자세히 살펴보고, 이에 따른 사람들의 반응이 다시 이러한 요소들에 어떤 영향을 미치는지에 대해 알아보도록 하겠다.

"경제적 문제의 해결은 불확실한 세계를 향한 모험과 더 나은
결과를 얻기 위한 새로운 시도를 통해 이루어진다."

F. A. 하이에크[1]

# THE SCIENCE
# OF SUCCESS

# CHAPTER 2
# 인간행동학
## THE SCIENCE OF HUMAN ACTION

"원리를 포착해낼 수 있는 사람은 성공적으로 자기만의 방식을 찾아낸다. 반면 원리를
무시한 채 방법만을 찾아내려는 사람은 자연히 어려움을 겪을 수밖에 없다."

-랄프 월도 에머슨(Ralph Waldo Emerson)[2]

"자신이 기업가이든 대기업 직원 중의 한 사람이든 간에 꼭 갖추어야 할 조건은
자기 자신에 대해 먼저 알아야 한다는 사실이다. 여기에는 예외가 있을 수 없다."

- 프레드 C. 코크[3]

**CHAPTER 2**
인간행동학

시장중심 경영Market-Based Management은 기업이 이론과 실천을 결합하여 발전해 나가고 그 과정에서 겪게 되는 여러 가지 변화들에 대해 성공적으로 대처할 수 있게 하는 전체적인 접근방식이다. 시장중심 경영은 또한 인간행동학 Science of Human Action에 근간을 두고 있다.

인간행동학은 인간이 자신의 행동을 통해 어떻게 최고의 결과를 얻을 수 있을지에 대한 해답을 제시한다. 따라서 시장중심 경영은 경제, 윤리, 사회철학, 심리학, 사회학, 생물학, 인류학, 경영학, 인식론, 과학철학 분야의 원칙을 모두 망라한다.

뿐만 아니라 인류가 염원하는 평화와 번영, 사회적 진보를 달성하는 과정에서 겪은 실패와 성공으로부터 배우는 교훈에 기본 바탕을 두고 있는 시장중심 경영은 이런 의미에서 경제, 사회, 문화, 정치, 정부, 갈등, 비즈니스, 비영리 단체, 과학과 기술을 다루는 학문을 모두 다룬다고 볼 수 있을 것이다.

다음은 시장중심 경영의 핵심적인 다섯 가지 요소들이다.

비전　　　기업이 어느 분야에서 어떻게 장기적으로 최상의 가치를 창출해낼 것인지를 결정하는 것.

미덕과 재능　올바른 가치관과 기업이 필요로 하는 기술과 능력을 갖춘 유능한 인재를 고용하고, 존속시키며 더 나아가 한 차원 더 발전시키는 것.

지식 프로세스　관련 지식을 이끌어내고 서로 공유하며 실제 상황에 적용시키며 그에 따른 수익률을 올바르게 예상하고 측정하는 것.

결정권　　적임자에게 합당한 권한을 주고, 그들을 적재적소에 배치해 그들이 끝까지 책임을 다하도록 하는 것.

인센티브　기업의 발전을 위한 가치창출에 공헌한 정도에 따라 알맞은 보상을 해주는 것.

앞으로 각각의 요소들에 대해 더 자세히 다루겠지만, 가장 중요한 점은 위의 다섯 가지 요소들이 체계적이고 규칙적으로 오랜 기간 동안 상호작용을 해야만 비로소 시장중심 경영의 진가가 발휘될 수 있다는 점이다. 이것은 또한 지난 수년간 코크 인더스트리즈가 직접 경험을 통해 얻은 결론이기도 하다.

## 코크 인더스트리즈의 시장중심 경영

코크 인더스트리즈는 가솔린, 화학원료, 중합체, 섬유, 건축자재, 포장재, 티슈와 프로세스 장치 등의 천연자원을 이용한 생산업 분야의 선두 주자다. 또한 일상용품에서부터 금융상품에 이르기까지 다양한 상품을 생산하고 이에 따른 훌륭한 운영 능력을 인정받아 세계적인 규모의 성공적인 사기업으로 성장했다.

코크 인더스트리즈의 연 수익은 1960년 7,000만 달러였던 데 반해 2006년에는 900억 달러까지 증가했다. 〈표 1〉에서 볼 수 있듯이 1960년 당시 1,000달러 가치의 코크 인더스트리즈 주식은 오늘날 200만 달러를 넘어선다주식 배당금을 다시 재투자했다고 가정했을 때. — 이것은 S&P 500사에 같은 금액의 자금을 투자했을 경우보다 16배나 높은 수익률을 얻게 되는 것과 같다.

코크 인더스트리즈의 빠른 성장은 직원 수 8만 명이 넘는 세계

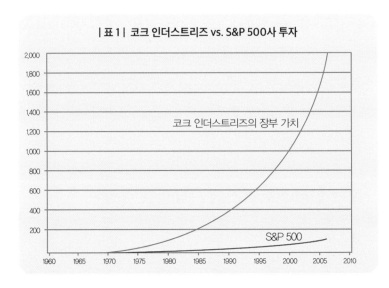

|표 1| 코크 인더스트리즈 vs. S&P 500사 투자

코크 인더스트리즈의 장부 가치

S&P 500

적인 규모의 회사가 된 후에도 계속된다. 이 같은 지속적인 성장세는 다른 대기업들에서도 찾아보기 힘들다. 예를 들어 1917년 포브스 지*Forbes, 미국의 유명한 경제 잡지-역주* 선정 미 100대 기업들 중 70년 후에 인수합병 등으로 인해 오직 31개의 기업만이 여전히 독립기업으로 남아 있었고, 그중에서도 18개의 기업만이 여전히 100대 기업 안에 포함됐다. 또한 오직 두 기업만이 시장평균 성장률을 경신하는 데 머물렀다. 대기업이 소유한 풍부한 자산과 뛰어난 능력에도 불구하고 이들은 지속적으로 성장세를 이어가지 못하고 있는 것이다.

반면 코크 인더스트리즈는 획기적인 변화를 추구하며 계속해서 성장세를 유지해 왔다. 오늘날 원자재 가격은 상승과 하락을 반복하고, 세계 시장의 경쟁은 갈수록 치열해지고 있다. 또한 법적 시스템의 변화와 첨단기술의 발달 등으로 인해 세계 산업과 경제는 하루가 다르게 빠른 속도로 변화하고 있다.

코크 인더스트리즈는 이러한 변화들의 급물살 속에서도 꿋꿋이 자리를 지키며 꾸준한 성장세를 보여왔다. 이것은 코크 인더스트리즈가 새로운 변화들을 수용하고 그에 맞추어 알맞게 적응해 왔기 때문에 가능했다. 시장에서의 변화는 항상 존재한다. 때문에 기업, 제품, 제조공정은 항상 더 나은 대안을 찾기 위해 끊임없이 변화한다. 유명한 경제학자 조지프 슘페터 Joseph Schumpeter 는 이런 현상을 가리켜 창조적 파괴라고 설명했다.

### 조지프 슘페터의 창조적 파괴

산업변화는 경제적 구조의 급격한 변화를 가져오고, 오래된 것은 없애고 새로운 것을 끊임없이 창조하는 과정이다. 이러한 창조적 파괴는 오늘날의 자본주의의 필수요소다. 또한 창조적 파괴는 "가격과 생산결과에서만 나타나는 것이 아니라 기업들이 새로운 제품, 새로운 기술, 새로운 공급자를 놓고 끊임없이 경쟁하면서 자연적으로 보게 되는 현상이다."[4]

이미 성공을 경험한 기업들도 계속해서 현 상태의 성장률을 유지하려고 끊임없이 노력한다. 왜냐하면 인간의 특성상 한번 성공을 맛보게 되면 거기에 만족해서 쉽게 자기만족과 자기보호를 앞세우고 덜 혁신적으로 변하게 마련이다. 그래서 대개 더 극복하기 어려운 것은 '적'이 아니라 '성공' 그 자체인 것이다. 코크 인더스트리즈도 마찬가지로 이러한 상황을 모두 경험했지만, 철저하게 자신들만의 사업철학을 적용시켜 이 같은 어려움을 극복했다.

시장중심 경영은, 기업이 끊임없이 구조적 변화를 여러 사업분야에 골고루 적용시키지 않는다면 그만큼 실패할 확률이 높다는 점을 강조한다. 그 결과 코크 인더스트리즈는 내·외부적인 개발과 정보획득을 통해 혁신과 기회를 추구한다. 반면 더 이상 수익창출이 기대되지 않는 특정 사업이나 자산은 망설임 없이 포기한다. 이것은 내부적으로 계속적인 창조적 파괴를 이어나가지 못한다면 다른 이들에 의한 창조적 파괴의 희생자가 되어서 실패를 경험하게 될 것이 불 보듯 뻔한 일이기 때문이다.


## 시장중심 경영의 기원

시장중심 경영은 사회번영을 위한 원리에 기본을 두고 있다.

시장중심 경영은 기업을 하나의 작은 사회로 보고 실제 인간 사회로부터 얻은 교훈을 기업에 적용시켜 보는 과정이다. 이러한 과정을 통해 코크 인더스트리즈는 시장중심 경영의 기본 틀을 마련하였고, 항상 발전하는 정신 모델을 창조해 냈다.

## 정신 모델

정신 모델이란 주변으로부터 받아들이는 수많은 정보들을 간략하게 정리할 수 있도록 도와주는 지적 존재다. 이들은 우리의 생각, 판단력, 의견, 가치관과 신념을 형성하고 지원한다. 오스트리아 경제학자 미제스(Ludwig von Mises)는 이에 대해 그의 저서에서 이미 "정신 모델은 인류 역사 상 모든 지(知)적 지배의 필수 요소였다."[5]라고 언급한 바 있다. 또한 철학자 마이클 폴라니(Michael Polanyi)는 정신 모델이 과학적 진보를 위한 필수 조건이라고 제창하기도 했다. 아울러 그는 "과학자들은 과학적 기본 틀에 바탕을 두어 자신들의 개인적 경험을 과학적 발명으로 발전시킨다."[6]라고 주장했다. 정신 모델을 통해 모든 사람이 긍정적인 혜택을 누릴 수 있게 하기 위해서는 무엇보다도 정신 모델 자체가 모든 사람들을 현실과 잘 연결해줄 수 있는 것이어야 한다. 더 나아가 훌륭한 정신 모델은 사람들이 경험을 통해 새로운 것을 이해하고 그것을 자기 것으로 만들 수 있게 하는 것이어야 한다.

하지만 안타깝게도 모든 정신 모델이 현실을 반영하는 것은 아니다. 과거에 인간은, 지구는 평평하며 세상의 끝은 거대한 폭포라고 생각했다. 실제로 세상 끝까지 가서 그 거대한 폭포를 본 사람은 한 명도 없었는데도 말이다. 그리고 이러한 잘못된 인식은 크리스토퍼 콜럼버스와 같은 위대한 개혁가가 나타나 기존의 정신 모델에 이의를 제기하기 전까지 진실이라고 믿어진다. 그 결과 잘못된 사실은 진실로 받아들여지고 혁신적 발견을 더욱 지연시키는 결과를 가져온다.

정신 모델이 얼마나 체계적으로 훌륭히 세워졌나에 따라 우리가 사회적·경제적으로 얼마나 훌륭히 임무를 수행하느냐가 결정된다. 정신 모델의 역할이 이렇게 중요한 만큼 코크 인더스트리즈는 많은 시간과 노력을 투자하여 독자적인 시장중심 경영 정신 모델을 개발했다. 또한 지금도 이러한 정신 모델이 현실을 반영하고 사업에도 알맞게 적용될 수 있도록 최선을 다하고 있다. 이제 더 이상 잘못된 정신 모델에 행동 바탕을 두는 기업은 살아남기 힘들다. 우리는 원하는 대로 또는 믿고 싶은 대로 모든 것이 순조롭게 진행되는 것이 아니라는 사실을 항상 명심해야 한다. 모이니한(Daniel Patrick Moynihan) 상원의원은 이에 대해 "모든 사람들은 자신의 의견에 대한 권리는 갖고 있지만 자신에 대한 객관적 사실은 스스로가 좌지우지할 수 없다."[7]라고 언급한 바 있다.

훌륭한 정신 모델은 현실을 바탕으로 구성되어야 할 뿐 아니라 효율적인 행동을 이끌어야 한다. 또한 지나치게 복잡하거나 핵심 요소 등을 빠뜨려 필요 이상으로 단순해서도 안 된다. 한편 우리는 실제 결과가 예상했던 것만큼 만족스럽지 않을 때마다 다시 한 번 우리의 정신 모델을 체크해 봐야 한다. 정신 모델은 한번 정해지면 그것으로 끝나는 것이 아니라, 다른 요소들과 마찬가지로 변화를 통해 항상 발전해야 한다. 이렇게 함으로써 과거 한때 지구가 평평하다고 믿었던 것과 같이 잘못된 정신 모델을 세우는 실수를 피해야 할 것이다.

앞서 말한 바와 같이 시장중심 경영은 기업에 적용되는 인간행동학이다. 이것은 다시 말해 우리가 역사, 경제, 철학, 심리학을 포함한 고전적인 학문에 대한 체계적 학습을 통해 인류의 보다 나은 삶을 이끄는 방법에 대해 좀 더 자세히 알 수 있다는 뜻이기도 하다.

이러한 학습을 통해 우리는 장기간에 걸친 사회 전체적 번영은 오직 자유사회의 범위 안에서만 가능하다는 결론을 얻을 수 있다. 영국의 철학자 홉스Thomas Hobbes는 이에 대해 "자유사회에서 살아보지 못한 축복받지 못한 삶은 외롭고 빈곤하며 더럽고 야만적이며 짧은 것"이라고 했다.[8]

인간행동학은 사회와 국가 수준의 거시경제에만 적용되는 것

# 경제자유와 번영

경제 자유지수는 특정 국가 국민들의 직업 선택, 생산과 소비, 투자 등의 경제 활동 전반에 영향을 주는 여러 가지 요소에 따라 결정된다.

| 표 2 | 2005년 1인당 국민소득과 경제 자유지수

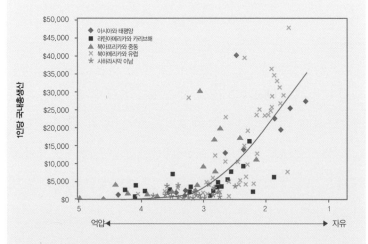

출처 : 2006년 경제 자유지수, 헤리티지 파운데이션과 다우존스

경제적 자유는 1인당 국민소득을 포함한 평균수명, 환경수준, 건강, 교육, 빈곤율의 감소 등과 같은 생활수준을 측정하는 기준과 밀접한 관계가 있다.

이 아니라 개인 수준의 미시경제에도 적용된다. 번영의 조건을 이해하는 것이 회사 설립에 얼마나 큰 도움을 주는지 알아내는 데는 적지 않은 시간이 필요했다. 왜냐하면 나는 기회비용, 주관적 가치, 비교우위와 같은 기본 경제원리를 알아가는 것과 동시에 본능적으로 그것들을 실제 회사경영에 적용시켜 나갔기 때문이다. 그 결과 수많은 경제학 강의에서 다뤄지는 경제원리들이 의외로 현실에는 제대로 적용되지 않는다는 사실을 발견할 수 있었다.

1960년대 말의 한 사건을 통해 이러한 경제원리들의 비현실성을 확인할 수 있다. 코크 인더스트리즈는 그 당시 적당한 재고 판매시기를 놓고 고민하고 있었다. 경제이론대로라면 당시 재고의 매도가가 구입가보다 훨씬 낮은 상태였기 때문에, 손해가 뻔히 보이는 재고의 매도는 해서는 안 되는 것이었다. 반면, 나는 재고의 가격이 더 떨어지기 전에 하루빨리 팔아야 한다고 강력히 주장했고, 결과적으로도 이것이 옳은 결정이었다는 것이 증명되었다. 하지만 이와 같은 선택이 주어졌을 때 정작 중요한 것은 재고 구입비용이 아니라는 사실을 깨달아야 한다. 왜냐하면 여기서의 재고 구입비용은 소위 말하는 매몰원가Sunk Cost이기 때문이다.

그러므로 우리는 미래 지향적인 기회비용에 초점을 맞추어야 한다. 단, 재고의 가격이 상승할 것이라는 강한 확신이 있을 경우에만 재고를 팔지 않고 보유하고 있어야 한다.

훗날 우리는 기회비용을 적용시킬 수 있는 좀 더 효과적인 방

## 매몰원가(Sunk Cost)

　매몰원가란 다시 만회할 수 없는 과거의 지출을 말하며, 이러한 비용은 미래에 대한 의사 결정에 영향을 주지 않는다. 왜냐하면 매몰원가는 이미 투입된 재화의 원가이기 때문에, 세금과 관련된 약간의 변화는 있을지 모르지만 그 외의 어떠한 경우에도 이 비용을 만회할 수는 없다.

법들을 찾아냈다. 그중 하나가 바로 실패한 사업 때문에 떠안는 손해가 기회비용과 같다고 여기는 것이었다. 아울러 이러한 사고의 전환은, 비록 실패를 하더라도 그 손해가 그다지 크지 않을

## 기회비용(Opportunity Cost)

　기회비용이란 어떤 선택을 함에 따라 포기한 대안의 가치를 뜻한다. 의사결정 시 우리는 액면가나 매몰원가에 신경 쓰기보다는 기회비용에 초점을 맞추어야 한다. 다시 말해 과거에 집착하기보다는 앞으로의 미래에 더 관심을 두어야 한다는 뜻이다.

것이라는 점을 강조하여 직원들이 실패를 두려워하지 않고 모험적인 사업을 할 수 있도록 격려했다.

또 다른 예로, 나는 영업사원들에게 고객의 하나하나의 주관적 가치를 이해하고 그에 따라 그들을 대하는 방법도 달리할 것을 강조했다.

비교우위 또한 빼놓을 수 없는 좋은 예다. 그래서 우리는 비교

### 주관적 가치 (Subjective Value)

모든 경제적 가치는 사람들이 어떤 상품의 가격보다는 가치를 따지는 과정에서 발생한다. 아울러 가치란 어디까지나 주관적인 것이기 때문에 객관적인 측정이 불가능하다. 보통, 사람들의 말보다는 그들의 행동을 통해 그들이 진정으로 가치 있게 여기는 것이 무엇인지를 알아내는 것이 쉽다. 이것을 우리는 '입증된 선호'라고 부른다. 만약 어떤 사람이 사과 하나를 샀다고 가정해 보자. 그렇다면 그가 평가하는 이 사과의 가치는, 사과를 사는 데 쓴 돈에다 그가 사과를 사고자 투자한 노력과 시간도 포함한다. 그러므로 등가교환이란 존재할 수 없다. 왜냐하면 어떠한 교환 관계에서든 양쪽 모두 단순한 교환 이상의 추가적인 무언가를 얻는다고 믿기 때문이다.

만약 선택권이 주어진다면 사람들은 자연히 자신이 가장 가치

있다고 느끼는 것부터 차례대로 충족시켜 나갈 것이다. 아울러 이 것은 한계효용체감(diminishing marginal utility: 일정한 기간 동안 소비되는 재화의 수량이 증가할수록 재화의 추가분에서 얻는 한계 효용은 점점 줄어든다는 법칙-역주)과 관련이 깊다. 사람들이 자신의 욕구를 충족시켜 나감에 따라 추가적인 재화로부터 얻는 만족감은 그만큼 줄어들게 된다. 이것은 인간의 생존을 위해서는 물이 다이아몬드보다 더 중요한 것인데도 불구하고 필요량을 충족시킬 만큼 양적으로 더 풍부하기 때문에 물이 다이아몬드보다 저평가되는 이유이기도 하다.

우위가 구체적으로 어떻게 회사의 이익창출을 극대화하는지 알아본 후 다시 팀 내에서의 각자의 역할 배정 과정에 적용시켰다. 우리는 직원 개개인의 비교우위를 기본으로 기존 직원들에게 새로운 임무를 부여하기도 하고, 또 그 빈자리를 새로운 신입사원으로 채워가기도 하면서 마땅한 인재를 적재적소에 알맞게 배치하도록 최선을 다했다. 이를 위해서는 각각의 역할과 책임에 대한 지속적인 관찰과 재평가가 필요하다. 만약 각각의 역할과 책임에 대한 관찰 없이 직원들의 비교우위를 전혀 고려하지 않고 절대적 기준으로 역할과 책임을 부여한다면 전체적인 기업의 운영 또한 비효율적이며 현실을 제대로 반영하지 못하게 되기 때문이다. 어떤 직책에 대한 인수인계가 이루어질 때는 그 직책에

## 비교우위(Comparative Advantage)

국가와 기관, 개인은 모두 포기한 가치에 비해 더 높은 가치를 창출하는 생산활동을 선택함으로써 비교우위를 갖게 된다. 비록 어느한쪽이 생산적인 면에서 더 우월하더라도 양쪽 모두 서로의 교환을 통해 무엇인가를 얻는 것임에는 틀림없다. 상대적으로 우월한 생산자는 다른 생산자의 상품보다 더 우수한 품질의 제품생산에 집중함으로써 이익을 얻는다. 그에 반해 상대적으로 열등한 생산자는 최대한 단점이 없는 제품생산에 집중함으로써 이익을 얻는다.

모든 국가는 각각의 비교우위를 갖는다. 이러한 비교우위는 무역 이익을 얻기 위한 수단으로 쓰이기도 한다. 비록 한 국가가 다른 국가들보다 거의 모든 면에서 더 우수하거나 또는 모든 면에서 열등한 개인들이라 하더라도, 그들만의 개성적인 비교우위로 이익을 창출할 수 있다.

대한 임무와 책임의 인수인계 또한 동시에 이루어지게 마련이다. 하지만 보통은 여기서 멈추지 않고 그와 관련된 다른 역할들이 다시 이에 따라 재정비되는 것이 일반적이다.

1960년대와 1970년대까지만 해도 우리 기업의 규모는 그다지 크지 않았기 때문에, 리더십만 가지고도 이러한 경제원리들을 별 어려움 없이 직원들에게 주입시키고 이해시킬 수 있었다. 매일 아침 나는 직원들에게 "기회비용과 비교우위를 생각해 보았나?"와 같은 질문을 던지며, 그들이 일상생활에서 자연적으로 경제원리의 개념을 습득하도록 도왔다. 이후 이러한 기본 경제원리들의 효과를 보면서 나는 점차 한 차원 높은 수준의 원리들에 관심을 두기 시작했다. 예를 들어 미가공품 사업에서 설비과잉으로 인한 과잉생산이 발생했을 때 가격은 추가생산에 따른 원가를 넘는 수준에 맞추어질 것이다. 우리는 이것을 가격책정 메커니즘이라고 한다.

〈표 3〉의 도표를 통해 우리는 가격변동을 어느 정도 예상할 수 있을 뿐만 아니라 각 생산공장의 경쟁적 위치를 파악할 수도 있다. 또한 궁극적으로는 이것이 우리의 발전된 정신 모델 중 하나인 의사결정 프레임워크DMF : Decision Making Framework의 근간이 되기도 한다.

하지만 1970년대 후반에 들어서는 앞서 언급한 기본적인 경제적, 철학적, 심리학적 개념들을 응용하여 정신 모델을 개발하는 것 이상의 무언가가 필요하다는 사실을 깨닫기 시작했다. 비록 시장중심 경영이 앞서 말한 몇몇 경제적 개념과 정신 모델들로 구성되어 있지만, 이것들이 체계적으로 적용되기 시작하자 그 효과는 단순한 경제적 개념과 정신 모델의 합 그 이상이었다. 이것은 시장중심 경영의 기본 개념과 정신 모델이 알맞게 조화되어 적용될 때, 서로 간의 상호작용을 통해 좀 더 나은 결과를

# 가격책정 메커니즘

가격책정 메커니즘은 한계 공급자(Marginal Supplier : 추가적인 재화를 생산하는 공급자-역주)의 뜻을 반드시 이해해야 하는 복잡한 이론이다. 대부분의 경우 한계 공급자는 생산량을 감소시키며 이에 따라 높은 비용을 발생시킨다. 또한 생산량이 수요량을 초과해 잉여 생산이 초래되었을 때, 제품을 좀 더 싼 가격에 많이 팔고자 가격을 한계 생산자의 증분 원가(Incremental Cost : 일정한 생산량의 변동에 따라 발생하는 원가의 증가분-역주)나 총 원가까지 낮추기도 한다. 이때의 가격이 바로 손익분기점이다.

| 표 3 | 가격책정 메커니즘

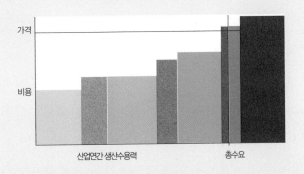

각각의 막대는 생산공장을 나타내며, 각 막대의 높이는 각 공장의 생산원가를, 넓이는 생산수용력을 나타낸다. 맨 왼쪽에 있는 막

대는 생산원가가 가장 낮은 공장이고, 맨 오른쪽에 있는 막대는 생산원가가 가장 높은 공장을 의미한다. 이 차트는 미래 수요에 대한 우리의 견해를 바탕으로 잉여 생산수용력이 발생했을 때의 가격을 예상할 수 있게 도와준다.

이 차트는 또한 각 공장의 경쟁적 위치를 나타내기도 한다. 따라서 이 표는 경쟁분석과 투자분석을 하는 데 중요한 지표가 되고 수요변화, 원가와 생산수용력에 따른 가격 범위를 예상하는 데 큰 도움이 된다.

창출할 수 있다는 뜻이기도 하다. 예컨대 인센티브와 같이 한 가지 사항만 적용시키면 당장은 이익일지 모르나, 궁극적으로는 전체적인 접근의 결여로 결국 시장중심 경영의 진정한 능력을 저해하는 결과를 가져오게 된다.

코크 인더스트리즈는 점차 성장함에 따라 더 많은 지식과 능력을 갖추게 되었으며, 이러한 지식과 능력은 다시 다양한 방면에 걸쳐 분산되었다. 때문에 직원들에게 일 대 일로 기업의 기본 경영방침과 정신 모델을 이해시키는 것은 거의 불가능해졌다. 따라서 우리는 회사의 기본 경영방침과 정신 모델을 직원들에게 좀 더 큰 스케일로 가르칠 수 있는 방법이 필요하게 되었다.

1980년대 초 우리는 이를 위해 우리의 경제적 사고와 정신 모델을 기존의 경영 시스템에 접목시켰다. 이것이 직원들에게 우리의 철학과 정신 모델에 대한 개념을 가장 효과적으로 전달할 수 있는 길이라고 생각했기 때문이다. 우리는 이를 위해 W. 에드워즈 데밍W. Edwards Deming이 창안한 시스템을 도입했다. 데밍의 시스템은 시장중심 경영의 한 요소인 지속적 개선에 대해 좀 더 체계적으로 접근할 수 있는 기회를 마련해 주었다. 게다가 파레토 차트, 근본원인 분석, 통계적 프로세스 컨트롤 등을 이용해 발전 여부를 정확하게 측정할 수 있게 되었다.

우리는 이러한 진보를 통해 많은 것을 배울 수 있었다. 그중 한 가지는 아무리 훌륭한 이론이나 방법이라고 하더라도 향상된 결과를 가져올 수 있을 때만 써야 한다는 것이다. 1980년대 중엽 오클라호마 주, 메드퍼드의 액화가스 공장에서 있었던 일이다. 당시 그곳의 직원은 실제 업무에 집중하기보다는 차트를 작성하며 업무의 성과를 측정하는 데만 시간을 할애하고 있었다. 그곳

## 데밍의 지속적 개선

지속적 개선을 제창한 W. 에드워즈 데밍은 "지속적 개선은 지속적으로 이루어진다."[9]라고 언급한 바 있다.

직원들 대부분은 내가 특정 활동에 대한 자세한 설명이나 차트 등을 더 중요시한다고 생각했던 것이다. 사실 사장으로서 더 관심이 있던 것은 최종적으로 향상된 결과를 얻기 위한 효과적인 업무처리 방법이었는데도 말이다. 어쨌거나 이러한 편견 때문에 그들은 실제 업무수행 능력 향상이나 불필요한 과정 축소에 신경 쓰기보다는 도표나 여러 가지 측정 자료를 만들고 분석하는 데 많은 시간을 보내고 있었다.

우리는 또한 경제원리들이나 정신 모델들을 기존 경영 시스템에 생각만큼 간단히 적용할 수 없다는 사실을 깨달았다. 그것이 데밍의 시스템과 같이 아무리 훌륭한 시스템이라 할지라도 말이다. 문제는 앞서 말한 것처럼 긍정적인 결과를 얻기 위해 필수적인 경영원리들을 직원들에게 제대로 이해시키지 못한 데서부터 발생했다. 이것은 어떤 사람에게 망치만 쥐어주고 그 사용법을 가르쳐 주지 않아, 망치가 있음에도 못을 어떻게 박아야 할지 모르는 것이나 마찬가지다.

우리는 이러한 데밍의 시스템 도입의 실패로 인해 큰 손해를 입기도 한 반면, 이를 통해 사업의 주요 쟁점사항을 더욱 효과적으로 측정하고 이해할 수 있었다. 게다가 문제를 정확히 파악하고 이에 따른 불필요한 낭비를 줄일 수도 있었다. 또한 이러한 실패를 통해 우리는 직원들이 이론과 실천을 좀 더 효과적으로 접목시킬 수 있는 체계적인 기본 틀을 마련할 수 있었다. 결과적으로 이론과 실천을 효과적으로 접목시킴으로써 우리는 그렇게 하지 않았을 때보다 더욱 긍정적이고 좋은 결과를 얻을 수 있었다.

이러한 체계적인 기본 틀을 제도화시키기 위해 처음으로 했던 일은 이 체계의 이름을 짓는 일이었다. 이에 따라 1990년 이 기본 틀을 '시장중심 경영'이라고 이름 지었다. 그 이유는 이 이름이 시장원리의 효과를 가장 잘 설명하고 있다고 생각했기 때문이다. 또한 시장중심 경영의 성패 여부는 국가와 기업 간의 차이를 염두에 두고 시장경제의 원리를 어떻게 기업에 적절히 적용시키느냐에 달렸다고 해도 과언이 아닐 것이다.

이러한 메커니즘의 발전을 돕기 위해서 우리는 코크 발전 그룹Koch Development Group이라는 회사를 설립했다. 우리는 이를 통해 내부 전문가들과 컨설턴트들이 더 나은 결과 달성을 위한 기본 원리와 정신 모델들을 직원들에게 더욱 효과적으로 이해시킬 수 있기를 기대했다.

코크 발전 그룹은 설립 초기 팔 수 있는 재화나 서비스가 없었다. 시장중심 경영을 토대로 한 부가서비스를 개발하기 위해서는 먼저 이론과 실천을 접목시키고 여러 가지 정신 모델과 방법들을 통해 더 나은 결과를 얻을 수 있도록 법제화해야 했다.

이에 따라 우리는 시장경제 원리 중에서 특별히 우리의 기본 틀을 더욱 발전시킬 수 있는 몇 가지 주요 원리들을 알아보기 시작했다. 이를 위해 전문팀 하나가 조직되었고 이들은 기업 권리의 역할, 정의실현의 규칙, 가치, 문화, 비전, 측정, 인센티브, 그리고 회사번영을 위한 지식창출에 대한 자세한 조사에 착수했다.

코크 발전 그룹이 당면한 문제는 몇몇 직원들이 실제 적용방법은 모른 채 이론만을 중요시한다는 것이었다. 물론 이론을 깊이 있게 이해하는 것도 중요하지만, 그 자체만으로는 원하는 결과를 얻을 수 없다. 또한 당시 우리에게 중요한 것은 이론 자체보다는 이러한 이론을 효과적으로 적용시켜 개인적 지식을 발전시키는 것이었던 점을 고려했을 때, 이것은 당시 회사가 직면한 꽤 심각한 문제였다.

코크 발전 그룹이 당면한 또 다른 문제는 바로 이론 지식이 너무 부족한 직원들이었다. 이들은 개인적 지식이 너무 부족해서 다른 직원들을 지도하는 데 어려움을 겪고 있었다. 이러한 직원들은 경영원리를 효과적으로 적용해서 다른 직원들을 올바른 길로 안내하기보다는 이를 이용해 자신들의 행위를 정당화하는 데만 혈안이 되어 있는 것이 보통이다.

하지만 이 외에도 다른 문제는 여전히 존재한다. 시장중심 경영을 엄격한 공식에 대입하여 적용하려는 것이 바로 그것인데, 이 또한 시장중심 경영을 제대로 이해하지 않아 발생하는 문제다. 시

# 개인적 지식

화학자이자 철학자인 마이클 폴라니(Michael Polanyi)는 "어떤 것을 이론적으로 알고 있는 것에만 그치지 않고, 이를 실행으로 옮김으로써 구체적인 결과를 얻었을 때 비로소 우리가 지식을 습득했다고 말할 수 있다."고 주장했다. 다시 말해 개인적 지식을 소유하고 있다고 말할 수 있다. 자전거 타기, 골프 치기, 체스 게임하기 등이 그 대표적인 예다. 개인적인 지식이나 진정한 이해란 머릿속에 추상적으로 자리 잡고 있는 것을 문제해결이나 새로운 발견 등을 위한 효과적인 방법으로 전환하는 과정이다.

개인적 지식을 발전시킨다는 것은 개인적인 변신을 뜻하기도 한다. 아울러 지식을 습득한다는 것은 새로운 구조와 정신 모델을 이해하는 것이고, 이를 바탕으로 실질적으로 문제를 해결하는 과정을 뜻한다. 이런 의미에서 개인적 지식은 이론과 실천을 효과적으로 접목시킨 결과라고 볼 수 있다. 지식의 습득은 또한 앞서 말한 예에서의 골프 프로나 지도자들과 같은 멘토들의 도움으로 더욱 가속화될 수도 있다.

개인적 지식은 새로운 발견을 위한 필수 요소다. 우리는 어떤 특정 분야에 대해 공부할 때 해당 분야와 관련된 수많은 규칙, 사실, 전문 용어 등을 동시에 습득한다. 그러면서 시간이 지남에 따라 해당 분야에 대해 더욱 해박해지고, 결국에는 전체적인 관점에서 접근할 수 있을 정도로 자세한 사항까지 모두 알게 된다. 그런 다음에는 해당 분야의 반복되는 패턴을 발견하고, 각각의 의미까지도 상세하게 파악하기에 이른다. 때문에 어떤 문제가 발생했을 경우 우리는 지금까지 습득한 지식을 바탕으로 알맞게 대처할 수 있다. 그결과 우리는 리서치를 할 때나 지원자를 인터뷰하는 과정에서 문제가 발생하거나, 반대로 좋은 기회가 제공되면 이를 제때 포착하여 효과적으로 대처할 수 있게 되는 것이다.

인간은 본능적으로 항상 더 나은 것을 추구하려 하고, 이 과정에서 새로운 발견을 한다. 새로운 발견을 장려하는 문화를 촉진하기 위해서 우리 자신은 물론이고 다른 사람들의 아무리 사소한 아이디어라도 존중해 주려는 태도를 길러야 한다. 반면 아무리 지금까지 확실하다고 여겨왔던 가설이라 할지라도 이것은 언제든 다시 다른 유력한 가설에 의해 교체될 수 있다는 사실도 명심해야 할 것이다. 가설로서 그 실효성을 인정받으려면 이러한 반대 의견들을 모두 물리쳐야 한다. 한편, 이러한 모든 과정은 문제해결을 위한 개인적 지식의 축적에서부터 시작된다.

장중심 경영을 구체적 사항과 규정들을 통해 엄격히 적용하려 하는 것은 오히려 시장중심 경영 본래의 의미를 손상시킨다. 시장중심 경영을 적용시키는 과정에서 우리는 이러한 관료화에 따른 오류를 범하게 된다. 따라서 기업은 이러한 문제를 제대로 인식하고 이에 따른 알맞은 대처 능력을 기르도록 노력해야 한다.

우리는 이러한 시장중심 경영의 관료화의 조짐을 인식하고 이에 대해 알맞게 대처하는 데 더 익숙해졌다. 시장중심 경영의 효과를 극대화하기 위해서 각 기관은 비생산성을 초래하는 관료화를 될 수 있으면 피하도록 노력하되, 내부적으로는 각자에게 맞는 올바른 정신 모델을 적용시키는 능력을 지속적으로 향상시켜야 할 것이다. 이것은 사고방식의 변화라는 결코 쉽지 않은 획기적인 변화를 요구한다. 게다가 이러한 변화는 다시 새로운 정신 모델을 바탕으로 한 새로운 사고방식의 발전을 위한 끈질기고 집중적인 노력을 필요로 한다. 한편, 성공적으로 새로운 정신 모델을 도입하기 위해서는 수많은 시행착오를 겪기도 한다.

이러한 노력의 결과로 코크 발전 그룹은 결국 내부적으로는 물론 외부로까지 그 영역을 넓혀 나갔다. 이것은 우리로 하여금 실제 경제상황에 바탕을 둔 측정방법의 중요성을 다시 한 번 인식시켜 주는 계기가 되었다. 또한 우리는 단순히 측정하기 편리한 것만 측정하는 것이 아니라 성공적인 결과를 얻기 위한 필수요건이 무엇인지를 측정해야 한다. 예를 들어 한 직원의 수행평가가 장기적인 이익창출과 사내문화에 대한 기여도에 중점을 두어 이루어지기보다 오직 현재 이익창출에 대한 공헌도만을 따진다면 직원들을 엉뚱한 방향으로 인도하는 셈이 될지도 모른다.

코크 발전 그룹은 해체되어 더 이상 존재하지 않지만, 이것은 우리 직원들을 교육시키고 사업 철학을 법제화시키는 데 실로 큰 역할을 담당했었다.

1995년쯤의 시장중심 경영 툴키트MBM Toolkit가 소개되면서 코크 인더스트리즈는 또 한 번의 큰 변화를 겪게 된다. 시장중심 경영 툴키트는 시장중심 경영의 다섯 가지 기본 요소가 서로 조화를 이루고 어느 하나만이 아닌 전체적인 요소가 동시에 적용되어야 한다는 점을 강조한다. 한편, 시장중심 경영 툴키트에서 비롯된 문제해결 프로세스MBM Problem-Solving Process는 우리의 문제해결 능력과 혁신 의지를 향상시켰다. 이러한 성공은 시장중심 경영을 부정적인 시각으로 바라보던 회의론자들에게 시장중심 경영 프레임워크의 진가를 확인시켜 줌으로써 가능했다. 그 결과 더 많은 사람들이 새로운 사고방식을 실천에 옮기기 위해이 경우 시장중심 경영을 적용시켜 훌륭한 결과를 얻기 위해 필수적인 폴라니의 "전환을 따른 자기 변화"[10]를 시행하기 시작했다.


## 정치 세계에서의 시장중심 경영 실천

1960년대부터 1980년대까지 코크 인더스트리즈는 시장중심 원리들을 효과적으로 적용시키며 꾸준히 그 성장세를 이어왔다.

하지만 우리는 코크 인더스트리즈 성공의 원동력이었던 주요 시스템들을 체계화시키고 법제화시키는 과정에서 급속도로 증가하는 수많은 법적 절차들을 다루기에는 준비가 부족하다는 사실을 깨달았다. 한편, 이러한 까다로운 법적 규제와 절차들은 코크 인더스트리즈를 포함한 많은 기업들의 가치창출을 저해했고, 이에 따라 그들의 사회적 기여도도 점차 감소했다.

사업활동에 대한 여러 가지 법적 규제가 강화되는 동안에도 우리는 여전히 우리가 순수한 의미에서의 시장경제 범위 내에서 살고 있다고 생각했다. 하지만 현실은 매우 달랐다. 정치적 불확실성에 따른 시장경제의 불확실성이 대두됨에 따라 기존의 경제원리는 그 실효성을 잃어갔던 것이다.

이 같은 현실은 기업의 문화까지 변화시키는 결과를 가져왔다. 모든 법률을 따른다는 것은 모든 법률에 전적으로 동의한다는 것은 아니다. '악법도 법이다.'라는 말이 있듯이 아무리 비효율적인 법이라도 우선은 그 법에 따라야 한다. 이렇게 준법의 의무를 다하면 비로소 법률 제정 담당 부서와 협상을 통해 좀 더 능률적이고 더 나은 대안을 모색할 수 있기 때문이다. 하지만 만약 이 방법도 실패로 돌아간다면 뜻이 맞는 다른 사람들과의 협력 하에 교육이나 다른 정치적 노력을 통해 얼마든지 기존의 비능률적인 법을 바꿀 수 있다.

최근의 이 같은 강화된 법률과 규제는 몇몇 큰 회사의 간부급 직원들의 비양심적인 경영 실태에서 비롯된 것이 대부분이다. 그들은 공공의 이익을 위해 노력하기보다는 정치적 영향력과 법률을 자신에게 유리한 쪽으로 이용해 정당하지 못한 방법으로 자신들의 이익만 챙기려 했다. 그러자 정부는 이러한 그들의 비도덕적 행동에 맞서 엄격한 법률과 규제를 적용하며 이에 맞섰다. 또한 최근 정직과 성실성이 결여된 몇몇 간부들의 비도덕적 행동에 의한 대기업들의 실패 사례들 또한 이러한 현상을 더욱 부채질하고 있는 실정이다. 어쨌거나 결과적으로 우리는 시장중심 경영이 이런 문제들에 대한 시원한 해결책을 제시한다고 믿는다.

　물론 사회는 법을 제정할 권리가 있다. 하지만 사회는 법을 제정할 때 이 법이 사회번영을 저지하기보다는 사회번영에 기여할 수 있도록 해야 하며, 무엇보다도 이러한 법이 모두에게 평등하게 적용될 수 있도록 주의를 기울여야 한다. 예를 들어 규모가 작다거나 특정 정치적 세력으로부터 보호받는다고 해서 특정 회사가 법적 규제를 넘어서는 공해오염을 일으키는데도 아무런 제재를 가하지 않는 것은 있을 수 없는 일이다. 자유롭고 풍요로운 사회를 만들기 위해서는 모든 사회 구성원들이 개인이 속한 그룹에 의해 평가되기보다는 각각의 개인으로서 존중받을 수 있어야

# 경제적 수단 vs. 정치적 수단

독일 출신의 사회학자이자 경제학자인 프란츠 오펜하이머 (Franz Oppenheimer)는 욕구충족을 위해 필요한 자원을 획득하는 방법에는 두 가지가 있다고 주장했다. 첫째는 경제적 수단이다. 이때의 경제적 수단이란 가치를 창출하는 생산자를 뜻한다. 그리고 둘째는 정치적 수단인데, 이것은 곧 법과 규제를 교묘히 자신에게 유리한 쪽으로 이용하는 정치적 약탈자를 가리킨다.

경제적 수단이란 이익창출을 위해 끊임없이 자발적으로 개인의 상품과 서비스를 다른 이의 상품과 서비스와 교환하는 활동을 말한다. 이때 양쪽 모두는 이러한 교환활동을 통해 자신에게 이익이 생길 것이라는 확신이 들 때만 비로소 교환활동에 자발적으로 참여하게 된다. 그러므로 경제적 수단을 이용해 이익을 창출하기 위해서는 서로에게 이익을 가져다주는 이러한 자발적인 교환활동이 끊임없이 이어져야 한다(이러한 자발적인 교환활동을 가리켜 '시장'이라고 한다).

반면 이익을 창출하는 정치적 수단은 어떤 특정 재화나 서비스의 교환이 자발적으로가 아닌 강요에 의해 이루어지게 한다. 하지만 강제적인 교환활동은 양쪽 모두에게 이익을 가져다주기보다는 피해를 주기 십상이다. 이러한 강제적인 교환활동의 예로는 절도, 사기, 환경오염을 비롯해 사실에 근거하지 않은 법적 소송을 제기하거나 정부에 로비활동을 벌여 자신에게 유리한 조건을 얻어내는 활동 등이 있다.

경제적 수단은 사회 구성원 모두의 참여를 이끌어내서 이익을 창출하기 때문에 그 이익도 모두에게 돌아간다. 그에 반해 정치적 수단은 이미 얻어진 이익마저도 모두에게 동등하게 재분배하는 사례가 거의 없다.

한다. 때문에 기업들도 사업의 규모, 수익성, 정치적 영향력과는 상관없이 하나의 기업체로서 법 앞에서 평등해야 한다.

오늘날의 사회에서 기업은 고객을 만족시키는 데만 급급해서는 안 된다. 기업의 명성은 그 기업이 다른 이들에게 어떻게 평가받는지와 기업의 장기적 성공 여부를 가늠하는 중요한 열쇠다. 따라서 우리는 현실에 근거한 긍정적인 명성을 쌓는 데 주력해야 한다. 그렇지 않으면 다른 사람들이 그들의 추측을 바탕으로 사실과는 전혀 다른 잘못된 명성을 만들어낼 것이고, 이것은 분명 기업에 부정적인 결과를 가져다줄 것이다. 긍정적인 명성은 하루아침에 얻을 수 있는 것이 아니다. 오로지 오랜 시간 동안 올바른 경영원리와 진정한 의미의 가치창출, 우수한 서비스 제공과 사회에 대한 긍정적 기여를 통해야만 쌓을 수 있는 것이다. 단기적으로 사람들의 이목을 끌기 위한 속임수나 얄팍한 상술로써는 절대 장기간에 걸친 명성을 쌓을 수 없다.

한편, 이러한 접근방식은 기업으로 하여금 주변 사람들과도 바람직한 관계를 유지하여 서로에게 도움이 될 수 있게 한다. 이러한 긍정적인 관계를 계속적으로 이어나가기 위해서는 모든 직원들이 원칙을 중요시 여기는 습관을 길러야 한다. 직원들이 원칙을 준수하면 이것은 기업에 좋은 것은 물론이고 법률 제정 담당자들과도 좋은 관계를 유지할 수 있어, 그들이 좀 더 현실적이고 공공의 이익창출을 돕는 법률을 제정할 수 있도록 하는 데도 효과적일 것이다.

다음의 표는 사회, 기업, 개인에 따른 인간행동학의 적용을 나타낸 것이다. 아울러 제3장에서부터 7장까지는 시장중심 경영의 다섯 가지 요소들에 대해 좀 더 자세히 다루도록 하겠다.

| 범 주 | 비 전 | 미덕과 재능 |
| --- | --- | --- |
| 자유학 사회가 어떠한 방법을 통해 장기적인 평화와 질서, 번영을 이룰 수 있을 것인가에 대한 답을 제시해 주는 학문이다. | 선택의 폭을 넓혀주며 지속적인 번영과 사회적 진보를 가능하게 하는 자생적 질서다. | 대중에 의해 이해되고 실행되고 있는 정의실현. 다시 말해 법률과 행동규범에 따른 혜택을 말한다. |
| 시장중심 경영 기업이 어떻게 살아남고 번영하며 장기적 성장을 유지할 수 있을 것인가에 대한 답을 제시해 주는 경영방침이다. | 기업이 어느 분야에서 어떻게 사회를 위한 최고의 가치를 창조해 낼 수 있는지를 결정한다.<br>또한 실험적 발견과정을 통해 자신만의 독특한 가치를 장기적으로 극대화할 수 있게 돕는다. | 올바른 가치관과 기업이 필요로 하는 기술과 능력을 갖춘 유능한 인재를 고용하고 존속시키며, 더 나아가 한 차원 더 발전시키는 것을 가리킨다. |

| | | |
|---|---|---|
| 개인의 행동 한 개인으로서 어떻게 발전하고, 기업과 사회에 얼마만큼 기여하며, 어떻게 자신의 능력을 최대한 발휘할 수 있을 것인가를 생각해 본다. | 개인의 목표와 비교우위를 이해하고 자기 자신과 기업, 나아가 사회를 위한 최상의 가치창조 방법을 이해할 수 있게 하는 것이다. | 시장중심 경영 지도원칙을 제대로 이해하고 잘 따르는 것. |

| 지식 프로세스 | 결정권 | 인센티브 |
|---|---|---|
| 자유학 올바른 규칙과 재산권에 바탕을 둔 자유 발언과 시장지표(가격, 이익과 손해)를 다룬다. | 창조된 가치와 비교우위에 따라 얻어진 확실하고 믿을 만한 소유권이 바로 사회에서의 결정권이다. | 사회에서 창조한 가치에 의한 손해나 이익을 통해 얻게 되는 혜택을 뜻한다. |
| 시장중심 경영 최대한 많은 지식을 습득하고 공유하며 적용시키는 것이며, 그 수익성을 정기적으로 측정하는 것 또한 이에 포함된다. | 적임자에게 합당한 권한을 주고 그들을 적재적소에 배치해 끝까지 책임을 다하도록 하는 것. | 기업의 발전을 위한 가치 창출에 공헌한 정도에 따라 알맞은 보상을 해주는 것을 뜻한다. |
| 개인의 행동 지식을 추구하고 공유하며 어떤 지식이 수익률로 이어질 수 있을 것인지 판단하는 것이 이에 해당된다. 또한 실험적인 발견을 통해 지속적으로 혁신하고 배우는 것도 이에 속한다. | 자신에게 맞는 역할을 찾아 자신만의 특별한 재능을 통해 이에 필요한 자원을 확보하는 것을 뜻한다. | 자신이 진정으로 원하는 일을 하면 이것은 다시 최고의 보상으로 되돌아온다. |

"아인슈타인은 그의 비전을 일반화했으며,
그에 따른 새롭고 혁신적인 결과를 얻었다."

마이클 폴라니[1]

# THE SCIENCE
# OF SUCCESS

# 비전
VISION

"비전이 없으면 사람들이 문란해진다." - 잠언 29:18

"콜럼버스는 다른 세계의 비전을 소중히 여겼고 그 결과 다른 세계를 발견했다.
코페르니쿠스는 더 넓은 우주와 다중적 세계관을 키웠고 그 결과 더 넓은 우주와 함께
다중적 세계의 존재를 밝혀냈다. 부처는 불변하는 아름다움과 온전한 평화의 영적
세계의 비전을 주시하였고 그 결과 그 안에 들어갈 수 있었다." - 제임스 앨런[2]

**CHAPTER 3**
비전

효과적인 사업비전은 가치창조로 시작해서 가치창조로 끝나는 것이라 해도 과언이 아닐 것이다. 또한 가치창조는 기업의 존재 이유가 되기도 한다. 실제 시장경제에서 한 기업이 치열한 경쟁 속에서도 오랫동안 살아남고 번영해 나가려면 끊임없이 가치창조를 해야 한다.

## 가치창조

성공적인 기업은 그들의 고객들이 기대하는 이상의 우수한 상품과 서비스 개발로 가치를 창출해 낸다. 동시에 이러한 기업들은 대개 최소한의 자원을 이용하여 가치를 창출해 내고, 나머지 자원은 사회에 환원하기까지 한다. 이렇듯 가치창조는 인간의 삶을 좀 더 윤택하게 할 뿐만 아니라 국가와 사회 발전에도 지대한 영향을 끼친다.

가치창조는 시장경제에서 기업이 담당하는 역할이기도 하다. 가치를 창조해 내지 않는 기업은 인간의 삶을 윤택하게 하기는 커녕 오히려 큰 피해를 주기까지 한다. 한 기업이 우수한 상품을 생산해 내지 못한다면 그것은 단순한 자원낭비일 뿐만 아니라 다른 더 우수한 상품을 만들기 위한 자원까지 낭비하는 셈이다. 또한, 많은 사람들이 이로 인해 불이익을 겪게 된다. 이처럼 사회적인 낭비를 초래하는 부실한 기업들은 문을 닫거나 다시 재구성되어야 한다.

기업의 장기적 번영 여부는 기업이 얼마나 끊임없이 가치창조를 하면서 사람들의 삶을 윤택하게 하느냐에 따라 결정된다. 나아가 오늘날 진정한 의미의 자유시장에서는 기업의 장기적 수익률이 기업의 가치창조를 측정하는 수단이 된다.[3]

우수한 가치창조란 특정 자원이 다른 곳에 쓰였을 경우보다도 더 큰 가치를 창출해 내는 것을 말한다. 여기서 말하는 자원에는 자본이나 원자재와 같은 물질적인 것뿐만 아니라 노동력, 지적 재산 또는 그 밖에 다양한 투자활동 등도 포함된다. 우수 가치창조란 이러한 기본적인 자원들을 고객이 원하는 최고 수준의 가치로 전환하는 것을 말한다. 예를 들어 코크 기업이 원유를 이용해 가솔린을 생산하거나 카펫이나 옷감으로 쓰이는 화학 섬유들을 만들어 냈듯이 말이다.

만약 이러한 상품생산에 필요한 원자재의 양을 줄이면서 아껴지는 자원이 또 다른 상품생산에 쓰이게 된다면, 이것이 진정한 의미의 가치창조일 것이다.

기업의 가치창조 능력은, 다양한 사람들의 관심사를 조정하는 역할을 담당하는 시장경제의 도움을 받아 발전한다. 사람들은 대개 각자 개인의 관심사만 중요시하는 경향이 있다. 하지만 시장경제에서 살아남으려면 다른 사람들의 관심사가 무엇인지, 그들이 아끼고 소중하게 생각하는 것이 무엇인지 알아야 한다. 이러한 이유에서 사람들은 자기 자신만이 아닌 다른 사람들의 관심사에도 주의를 기울이고, 이에 따라 그들의 요구를 충족시키기 위해 끊임없는 가치창조를 해나간다. 영국의 유명한 경제학자 애덤 스미스Adam Smith는 이러한 과정에 대해 다음과 같이 결론지었다 : "우리가 저녁식사를 기대할 수 있는 것은 정육업자, 양조업자, 제빵업자들의 자비심 때문이 아니라 그들의 개인적 이익추구 때문이다."[4]

비록 우리 모두가 개인적 이익만을 추구하고 사회적인 계획이 부재하더라도 질서는 자연적으로 생기게 마련이다. 왜냐하면 이

# 사리추구

여기서 경제학자 애덤 스미스가 말하는 사리추구는 다른 이들에게는 물론이거니와 자신 스스로에게도 도움이 된다는, 프랑스의 정치가 토크빌(Tocqueville)이 주장한 계발된 사리추구와 일맥상통한다. "미국인들은 모든 현상들을 사리추구의 개념에 근간하여 설명하는 것을 좋아한다. 그들은 또한 사리추구의 계몽적인 측면이 서로를 격려하는 데 얼마나 큰 원동력으로 작용했는지 증명하기를 좋아한다."[5]

상호적인 사리추구는 교환의 긍정적인 측면이 강조된 것이다. 경제학자 버논 스미스(Vernon Smith)가 말했듯이 교환의 긍정적인 측면으로는 "소유권한, 동의에 의한 양도, 그리고 약속에 의한 실천" 등이 있다.[6] 이렇듯 긍정적인 교환 시스템은 앞서 말한 정치적 수단이 아닌 경제적 수단을 통한 이익창출을 장려한다.

중요한 것은 사리추구 여부가 아닌 개인들의 사리추구를 서로 효과적으로 연결해 주는 방법이다. "가족이나 측근에 대한 최소한의 개인적 사리추구마저도 없다면 한정된 자원 속에 살고 있는 개인은 살아남을 수 없다. 이러한 사리추구는 낯선 사람과 대면했을 때 크게 공격적이거나 협조적인 두 가지 형태로 나타날 수 있다."[7] 기업이나 사회가 장기적 번영을 이어가기 위해서는 '협조'와 같은 계몽적 사리추구를 위한 규칙과 인센티브를 제공해야 한다. 이와 동시에 '공격'과 같이 공공의 이익을 가로막는 파괴적인 사리추구를 저지해야 한다.

때 생기는 질서란 중앙부에서부터 계획된 것이 아닌 하이에크F. A. Hayek가 말하는 자생적 질서이기 때문이다. 시장경제에서 생산자와 소비자는 수많은 대안과 선택의 기로에 서게 된다. 또한 시장경제에서 기존의 것을 대체하는 새로운 상품과 생산방법들은

## 자생적 질서

애덤 스미스와 F. A. 하이에크와 같은 학자들은 번영은 오직 자생적 질서에 의해서만 가능하다는 사실을 증명해 보였다. 여기서의 자생적 질서란 인간의 본연으로부터가 아닌 인간의 행동에서부터 비롯된 질서를 말한다. 애덤 스미스는 이것을 '보이지 않는 손'이라고 표현했다. 그는 인간이 "원래의 의도가 아니었던 목적을 수행하도록 '보이지 않는 손'에 의해 인도된다."고 주장했다.[8]

한편 하이에크는 "번영은 사회 전반에 걸쳐 분산되어 있는 지식을 생산적인 목적을 위해 한데 모으는 것이며, 이러한 지식의 수집 과정은 자연적으로 되는 것이지 사회적 질서확립만을 전문으로 하는 기관에 의해서 따로 이루어지는 것이 아니다."[9]라고 주장했다.

분산된 지식은 다시 개인 소유권, 정의실현의 법칙, 자유시장을 바탕으로 한 자생적 질서를 통해 생산적인 목적으로 쓰일 수 있다. 마이클 폴라니는 이와 비슷한 자생적 질서를 통해 과학이 발전하는 것이라 믿었고, 이것을 가리켜 '과학 공화국'이라고 했다.

기업을 경영하는 데 있어 새로운 도전 과제와 기회를 제공한다.

## 변화 수용

현실에서 쉽게 찾아볼 수 있는 창조적 파괴와 자생적 질서를 감안했을 때 기업은 어떤 기회를 추구해야 되는 것일까? 이것은 사회 전체를 위해 더 나은 가치창출을 이끄는 비전을 개발하는 것에서부터 시작된다고 말할 수 있을 것이다. 우리는 이미 기업의 장기적인 이익창출을 위해서는 믿고 따를 수 있는 효과적인 비전 제시가 전제되어야 한다는 사실을 알고 있다. 역사를 통해서도 알 수 있듯이 이익을 창출하는 기업은 대중의 욕구를 지속적으로 충족시켜 왔던 기업들이라는 사실을 쉽게 발견할 수 있다. 반면 그렇지 못한 기업은 금방 문을 닫는 경우가 대부분이다. 앞서 제2장에서 언급했던 포브스 지 선정 성공적인 기업들을 다시 떠올려 보자. 1917년 당시 미국 100대 기업 안에 들었던 기업들 중 70여 년이 흐른 지금 그들 대부분은 순위가 뒤로 밀려났거나 아예 문을 닫아 더 이상 존재하지 않는 기업도 적지 않다. 그렇다면 왜 이런 결과가 발생한 것일까? 그 이유는 그들이 사회를 위한 가치창조를 계속 이어나가지 못하고 이에 따른 이익창출에도 실패했기 때문이다. 그 결과 시간이 지날수록 그들의 사회 기여도 또한 차츰 감소했다. 우리는 이 같은 실패 사례를 참고하여 기업의 사회 기여도를 높이기 위한 노력을 해야 할 것이다.

효과적인 비전의 개발은 먼저 기업이 어떤 방식으로 사회를 위해 우수한 가치를 창조해낼 것인가에 대한 고찰을 통해서 이루어진다. 비전은 한 기업이 가치창출을 위해 세우는 계획이다. 그러므로 해당 기업의 현실적인 능력평가에 바탕을 두어야 하고, 이러한 기업의 능력을 이용한 최상의 가치창출을 가능케 하는 구체적인 분석이 뒷받침되어야 한다. 한마디로 비전은 기업을 올바른 길로 인도할 수 있는 것이어야 한다.

기업의 비전은 시간이 지남에 따라 경쟁자가 등장할 것이라는 사실을 감안해 세워야 한다. 반면에 경쟁자들은 지속적으로 새로운 것을 개발하여 기존의 것은 밀어내고 더 낮은 생산원가로 더 나은 제품을 생산해 내는 데 주력한다. 이것이 바로 앞서 언급한 슘페터의 창조적 파괴다.

또한 기업은 한 가지 제품에서 발생하는 이익을 극대화하기 위해서 제품 수익성의 감소를 최대한 늦추고 지속적으로 새로운 상품을 개발해 기존 제품을 새로운 제품으로 대체해 나가야 한다. 한편, 특정 제품의 수명을 조금이라도 연장하기 위한 전략으로는 고객과의 긍정적인 관계 유지, 우수한 품질을 통한 브랜드

파워 구축과 이를 뒷받침할 수 있는 일관성, 누구도 흉내낼 수 없는 자신만의 유통경로 개척, 장기간에 걸친 상호 협조적인 판매/공급 계약, 보안 유지나 특허 제도를 통한 지적 재산의 보호, 경쟁자보다 한 발 앞선 원가와 품질 관계의 향상 등이 있다.

세상은 끊임없이 변화한다. 작가 조지 윌George Will이 말했듯이, '미래는 예측 불허'하다.[10] 경쟁자들은 끊임없이 발전하며, 고객들의 취향은 끊임없이 변한다. 때문에 기업이 현재 아무리 우수한 상품이나 서비스를 생산한다 하더라도 지속적인 발전과 혁신을 게을리 한다면 기업의 발전은커녕 현상 유지마저도 힘들어진다. 지속적인 발전과 혁신을 위해서는 기업의 비전, 전략, 제품, 서비스, 생산방법 등에 끊임없이 실험적 발견과 창조적 파괴를 적용시켜야 하며 이와 동시에 계속적인 혁신을 추구해야 한다.

인비스타 인테리어INVISTA Interiors의 경우를 통해 우리는 고객의 요구를 예상하기 위한 실험적 발견, 창조적 파괴, 혁신 등의 모든 과정이 기업의 장기적인 성장을 이끄는 데 지대한 역할을 한다는 사실을 깨달았다. 듀폰사는 자신들만의 비교우위와 상품 생산 과정의 혁신에 중점적으로 초점을 맞춘 결과 스테인마스터STAINMASTER 카펫을 개발해낼 수 있었다. 하지만 성공에 대한 기쁨도 잠시였다. 인비스타의 사업이 점차 자리를 잡아감에 따라 더 많은 경쟁자들이 출현했고, 이러한 상황에서 사업의 장기적 성

## 실험적 발견

F. A. 하이에크는 실험적 발견의 필요성에 대해 수차 강조했다. 그는 "경제적 문제의 해결은 미지의 세계에 대한 관심과 좀 더 나은 결과를 얻기 위한 새로운 방법의 발견을 통해 가능하다. 아울러 경제적 문제들은 새로운 적응을 필요로 하는 예상치 못한 변화들에 의해 발생한다."[11]라고 언급한 바 있다. 우리 모두 미래에 대해 알지 못하기 때문에 자연히 어떤 투자가 높은 수익률을 가져다줄지 전혀 예상할 수 없다. 내부적으로 창조적 파괴를 진행시키기 위해서 우리는 어떤 종류의 새로운 상품, 프로세스, 생산방법이 성공적일 수 있을 것인지를 판단할 수 있는 체계적인 실험이 뒷받침되어야 한다. 하지만 또 한편으로는 스스로의 위기 수용능력과 잠재력을 고려하여 실험의 규모도 그에 따라 조절할 수 있어야 한다.

공을 장담하기란 더욱 어려워졌다. 이에 따라 인비스타는 경영 혁신과 운영의 효율성을 통해 추가적인 주요 역량 개발의 필요성을 느꼈다. 그 결과 2004년 우리는 듀폰사로부터 인비스타 인테리어를 인수하게 된다.

듀폰사의 인테리어 사업 담당자들은 치열한 경쟁시장에서 살아남기 위해서는 끊임없이 새로운 상품을 개발해야 한다는 사실을 이미 잘 알고 있었다. 그들의 초창기 나일론 카펫 제품들은 내

구성 면에서는 최고였지만, 두꺼운 섬유질로부터 나온 것이었기에 감촉은 그리 좋지 못하다는 평이 많았다. 때문에 이러한 불평들을 뒤로하고 계속해서 카펫의 내구성만을 강조한 제품생산에는 한계가 있다고 판단했다. 실제로 〈표 4〉에서 볼 수 있듯이 처음 개발된 최초 제품의 수명은 약 10년 남짓이었다. 다음에 개발된 제품은 기존 제품의 우수한 내구성은 그대로 유지하되 기존의 단점으로 여겨졌던 감촉이나 디자인을 보완하여 출시되었다. 그 결과 가장 최근의 상품은, 향상된 내구성은 물론이고 감촉이나 디자인도 전 제품보다 한 차원 더 높은 수준을 자랑한다.

　다른 경쟁자보다 한 발 앞서 고객들의 요구를 예상하려는 계

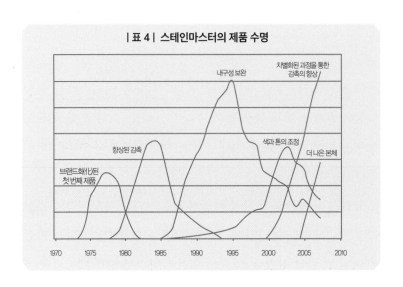

| 표 4 | 스테인마스터의 제품 수명

속적인 노력은 결국 지속적인 혁신으로 이어졌다.

성공적이고 지속적으로 제품을 개발하려면 품질 높은 R&D 뿐만 아니라 기회를 인식하고 그 기회를 자기 것으로 만들기 위한 능력, 지도방침, 알맞은 기업문화가 필요하다. 또한 공급에서부터 생산, 마케팅, 인사부, 회계부에 이르기까지 회사 전반에 걸친 프로세스에 대한 전체적인 혁신도 뒤따라야 한다. 코크 인더스트리즈는 바로 이런 부분에 특히 강했기에 결국 성공적으로 인비스타를 인수할 수 있었다.

## 기대와 혁신

성공적인 제품의 개발을 위해서는 단순한 고객취향의 파악 그 이상의 무언가가 필요하다. 단순히 고객의 취향에 맞추려 하기보다는 새로운 가치창조를 추구하는 제품의 개발이야말로 기업과 고객 모두에게 이익을 안겨줄 수 있다.

고객들에게 직접적으로 그들이 진정으로 원하는 것이 무엇인지를 묻는 것으로 끝나서는 안 된다. 포커스 그룹Focus Group: 테스트 할 상품에 대해서 토의하는 소비자 그룹-역자이나 설문 조사를 통해 알 수 있는 소비자들의 미래의 욕구는 어디까지나 오늘날의 대안을 기준으로 한 것이다. 문제는 바로 이 점에서부터 시작된다. 선택의 범위가 확실히 주어지지 않는다면 그만큼 결정도 어려워질 수밖에 없기 때문이다.

예를 들어 1970년대 당시 IT 관련 종사자들에게 미래에 자신이 사용하고 싶은 컴퓨터는 무엇인가에 대한 질문을 했을 때, 70%에 해당하는 사람들이 IBM 메인프레임을 꼽았다. 하지만 당시 그들 중 과연 몇 명이나 그들 앞에 놓인 엄청난 IT 혁명을 예상했겠는가? 그들의 예상과는 달리 오늘날 사람들이 사용하는 컴퓨터는 IBM 메인프레임이 아닌 인터넷이 연결된 개인용 컴퓨터다.

대부분의 경우 고객들이 불만을 제기하지 않으면 그들이 만족한다고 착각하기 쉽다. 하지만 이러한 잘못된 이해는 우리의 기분을 일시적으로나마 좋게 할지 모르나, 한편으로는 기업 성장에 꼭 필요한 창조적 파괴를 저지하기도 한다. 고객들은 그들 스스로가 직접 눈으로 확인하기 전까지 자기 자신도 무엇을 진정으로 가치 있게 여기는지 알지 못한다. 이러한 점을 감안했을 때, 고객들이 진정으로 원하는 것이 무엇인지를 파악하는 통찰력은 기업성공의 열쇠라고 할 수 있을 것이다.

끊임없이 혁신하고 고객들이 진정으로 원하는 것이 무엇인지를 예상하는 것 이외에도 기업은 자산이나 특정 사업을 매각할 것인지와 만약 매각한다면 그 시기는 언제인지 정확하게 결정할 수 있는 능력을 길러야 한다. 일반적으로 자산을 매각할 경우 구매자가 판매자가 예상하는 자산의 잔류 가치보다 더 높은 가격을 제시하면 양도가 이루어진다. 이러한 경우는 보통 자산 소유주의 혁신 능력이 쇠퇴의 속도를 따라잡지 못할 때다. 코크 인더스트리즈의 경우, 우리는 성장을 위한 주요 능력이나 밑거름이 되는 자산은 매각하지 않는 것을 원칙으로 한다.

어떠한 기업체든 매각의 대가로 최대한의 가치를 얻고자 하는 것은 당연한 일일 것이다. 이를 위해서는 먼저 왜 특정 자산이나 사업이 다른 기업에게 더 가치 있는 것으로 여겨지는 것인지에 대하여 생각해 볼 필요가 있다. 다시 말해 한 기업체가 매각을 단행할 때 왜 다른 기업체는 이를 인수하려 하는지에 대하여 생각해 보아야 한다. 그 이유는 대부분 잠재적 인수자는 인수하려는 사업이 얼마나 빨리 쇠퇴할지 잘 알지 못하기 때문이기도 하고, 때로는 그들이 사업을 다시 성장 궤도에 올려놓을 수 있을 만한 그들만의 독특한 능력이나 혁신을 가지고 있기 때문이기도 하다. 한 마디로 인수자는 매각자와는 다른 비전을 갖고 있기 때문에 특정 사업이나 자산의 매각이 이루어질 수 있다고 보면 되는 것이다.

그렇다면 비전을 어떻게 창조하는가? 효과적인 비전을 만들려면 먼저 기업이 사회를 위해 어떤 방법으로 더 나은 가치를 창조할 수 있을지에 대한 고찰이 필요하다. 이 과정에서 기업은 스스로의 주요 역량에 대한 객관적 평가와 이를 통해 창조해낼 수 있는 기회를 모색하게 된다. 이것은 다시 기업이 유망하다고 믿는 사업분야에 대한 미래를 내다보는 통찰력을 발전시킴으로써 가능해진다.

코크 인더스트리즈는 지속적이며 경쟁력 있는 여섯 가지 대표적인 주요 역량이 있다. 대표적인 여섯 가지 주요 역량은 시장중심 경영, 혁신, 우수한 운영 능력, 트레이딩, 우수한 거래능력, 공공부문이다. 이러한 주요 역량은 코크 인더스트리즈의 미래를 위해 없어서는 안 되는 중요한 것이다. 때문에 우리는 지속적으로 이러한 역량을 향상시키고 보강하며 이론, 관찰, 실천, 측정 등을 통해서 이를 더 발전시켜 나가야 한다. 우리는 또한 각 사업팀이 서로 간의 상호작용을 통해 이러한 역량을 알맞게 적용시켜 발전해 나가도록 돕는다.

한편, 관점 개발은 집중적이고 체계적인 글로벌 학습을 요구한다. 우리는 특정 산업분야에 대한 역사, 테크놀로지, 경쟁, 관련법, 진입 장벽에 대해 학습하고 이러한 요소들이 어떻게 변화하는지에 대해서도 배우게 된다. 그리고 나서 우리는 다시 가치 사슬Value Chain: 기업활동에서 부가가치가 생성되는 과정을 의미한다-역주, **원가 구조,**

# 코크 인더스트리즈의 비전

우리는 주요 역량을 이용하여 장기적인 가치창조를 극대화하기 위한 기회를 포착하기 위해 시장중심 경영을 적용한다. 다음은 현재 코크 인더스트리즈만의 비교우위이자 더 나은 가치창조를 위해 필수적인 주요 역량이다.

| | |
|---|---|
| 시장중심 경영 | 비전, 미덕과 재능, 지식 프로세스, 결정권, 인센티브, 지도 원칙, 시장중심 경영 모델 |
| 혁신 | 창조적 파괴, 잘 통솔된 자유, 발견 프로세스, R&D, 테크놀로지 네트워크, 벤치마킹, 사업 인수, 마케팅과 브랜딩, IP 전략 |
| 우수한 운영 능력 | 준수, 환경/보건/안전 분야(EHS : Environment, Health, Safety), 수행 능력과 원가 효율, 벤치마킹, 가치 포착 |
| 트레이딩 | 관점, 전략 개발, 자산의 인수와 매각, 선택사항, 위기관리, 집행 |
| 우수한 거래능력 | 기회 인식, 기원 조직, 의사결정 프레임워크, 자산 실사, 포트폴리오의 최적화, 기본 구조 확립 |
| 공공부문 | 법률, 커뮤니케이션, 커뮤니티 관계, 관용 정신과 공공 정책 |

> 코크 인더스트리즈는 장기적인 성공을 위해서 앞으로도 이러한 역량을 지속적으로 향상시킬 것이며, 추가적인 주요 역량 개발 또한 게을리 하지 않을 것이다.

상품에 대한 미래 수요, 경쟁적 위치와 이 밖의 관련 요소들을 분석한다. 아울러 우리는 해당 산업의 다양한 분야에 대한 미래 가능성과 예상 수익률을 파악하는 데 최선을 다한다.

우리는 우리의 관점을 바탕으로 최고의 기회를 포착하기 위해 우리의 사고방식을 수정하기도 한다. 이 과정에서 우리는 더 나은 가치창출을 위해 우리가 나아가야 할 방향을 명백하게 제시해줄 비전을 개발한다. 이렇게 개발된 비전은 우리의 활동을 올바른 방향으로 이끌 수 있도록 구체적이어야 하고, 코크 인더스트리즈의 비전과도 어느 정도 일관성이 있어야 한다.

2005년 12월의 GP사 인수는 우리의 비전을 잘 보여주는 예다. 2002년 우리는 주요 역량을 바탕으로 임산 가공품 산업에서 큰 가치창출을 할 수 있다는 결론을 내렸다. 이에 따라 우리는 임산 가공품 산업 중 특히 어떤 분야에서 우리의 잠재력을 최대화할 수 있을 것인지에 대한 관점 개발에 착수했다. 우리는 시장중심 경영이 비전 개발은 물론 경제적 통찰력, 성과측정, 지식 개발과 분배, 의사결정과 인센티브를 향상시킬 수 있다고 믿었다. 또한 혁신은 제품과 생산과정뿐만 아니라 가치창조 과정 전반에 적용될 수 있을 것이라고 생각했다. 우수한 운영능력은 원가절감과 수행효율을 향상시킬 수 있다고 믿었고, 트레이딩은 원자재와 에너지 구매력의 향상을 가져올 수 있을 것이라고 생각했다. 한편, 우수한 거래능력은 기회창출과 분석, 재정구조의 향상을 가져올 수 있을 것이라 예상했으며, 공공부문은 불필요한 법정 소송을 최소화하고 정치적 커뮤니케이션 문제를 다루는 데 효과적으로 작용할 것이라고 생각했다.

이러한 이유에서 2004년 우리는 GP사에 연락을 취했고, 2개의 펄프 밀pulp mill 시설을 인수했다. 펄프 산업에서의 성공은 우리로 하여금 임산물 가공품 사업과 소비재 관련 사업의 다른 분야에도 관심을 갖게 하였고, 그 결과 훗날 GP사 전체를 인수하게 되었다. 자체적으로 해당 산업이나 제품을 바탕으로 평가하는 대부분의 다른 기업들과는 달리, 주요 역량에 의한 자체 평가를 하는 우리의 평가방식은 비전과 우리가 보유한 사업의 다양성을 통해서도 쉽게 알 수 있다.

코크 인더스트리즈에서의 이러한 비전개발 과정은 기존의 산업분야뿐만이 아닌 미래의 잠재적인 산업분야에까지 적용된다. 그 이유는 새로운 기회들은 기존 사업분야뿐만이 아니라 앞으로 새로 시작하는 사업분야에도 존재할 가능성이 크기 때문이다. 따라서 코크 기업은 그들의 비전을 내·외부적으로 여러 분야에 걸쳐 적용시킬 필요가 있다. 이 과정에서 가장 중요한 것은 해당 사업은 물론이고 코크 인더스트리즈 전체의 능력과 위기 수용범위를 항상 염두에 두어야 한다는 사실이다.


## 우선순위 결정하기


기업은 비전을 바탕으로 하여 장기적 가치의 극대화를 위한 전략을 세우고 실천해야 한다. 그러기 위해서는 먼저 우선순위를 정해야 한다. 사업을 하면서 이러한 행동의 우선순위를 정하는 것은 어떠한 행동을 할 것인가를 정하는 것만큼 중요하다.

우선순위를 결정하기 위해서는 먼저 두 가지 종류의 기준이 필요하다. 그 첫 번째 기준은 기업의 유지를 위해서 꼭 필요한 업무들이다. 예를 들어 정부 규제를 따르거나 또는 고객이 원하는 제품을 생산하는 것이 그 대표적인 예다. 우선순위를 결정하는 두 번째 기준은 위험요소를 감안한 기회의 현재 가치와 소비되는 자원이 경우 한정된 재능과 자본의 격차다. 그러므로 비슷한 양의 자원이 소비될 것이라고 가정하면 10억 달러 가치의 위험조정 기회가 2억 달러 가치의 위험조정 기회보다 우선순위 측면에서 우위를 점할 것이다. 이러한 우선순위에 대한 기준 없이 모든 일을 동시에 진행시키려 한다면 일의 효율성은 감소하게 되고, 그 속도도 더뎌질 것이다.

비전을 바탕으로 하여 전체적인 사업의 우선순위를 정하고 나서는 점차 세부적으로 마케팅, 운영(생산공장의 운영까지), 공급, R&D, 지원그룹에 대한 우선순위를 확립해야 한다. 그런 다음 이러한 우선순위에 따라 실제로 일을 진행시키기 위해서는 책임소재를 명확히 해야 한다. 또한 일의 순서를 정할 때는 항상 기회비용을 염두에 두어야 할 것이다.

장기적인 가치를 극대화하는 것 또한 새로운 발명이나 전략, 혁신들을 장려하는 실험적 발견 프로세스를 포함한다. 물론 실험을 하다 보면 실패를 경험할 수도 있을 것이다. 하지만 아인슈타인이 "아무런 실수도 저질러 보지 않은 사람은 새로운 시도를 전혀 하지 않은 사람이다."[12]라고 언급한 것처럼, 실패를 두려워하지 않고 새로운 것을 시도하는 것이 현실에 근거한 비전을 개발하는 데 가장 중요한 열쇠다. 이와 관련해 코크 인더스트리즈는 실패를 두려워한 결과 실패를 맛본 경험이 있다.

해운 사업과 농업 사업에서의 손해는 현실에 근거한 비전 개발의 실패 사례이자 우리의 능력이 해당 분야에 못 미친다는 사실을 인식하지 못한 대표적인 사례다. 비록 두 가지 사업 모두 오늘날에 와서는 꽤 성공적이지만, 이것은 어디까지나 중간에 이러한 실패를 겪고 난 후 대대적인 재정비 조치가 있고 난 후에야 가능했던 일이다. 실패를 겪은 사업을 다시 성공으로 이끌기 위해서는 새로운 능력 개발이 필요하고, 이에 따라 새로운 비전도 함께 제시되어야 한다. 예를 들어 코크 나이트로젠 사업과 마타도르 축산은 과거 한때 코크 농업 그룹Koch Agriculture Gruop에서 가장 실패적인 사업이었지만, 새로운 능력과 비전 개발을 통해 오늘날 코크 기업의 성공적인 사업 중의 하나로 꼽힌다. 특히, 시장중심 경영을 효과적이고 지속적으로 적용시킨 결과 가능했던 글로벌 기업으로서의 코크 나이트로젠과 마타도르 축산의 새로운 비전이 오늘날의 성공을 가능케 했다.

비전을 세우는 과정은 결코 간단한 일이 아니며, 반복적이며 항상 현재 진행형이다. 하지만 일단 뚜렷한 비전이 확립되면 좀처럼 변하거나 소멸되는 일은 거의 없다.

비록 비전은 시간이 지남에 따라 조금씩 변할 수 있겠지만, 처음 비전을 확립할 때는 모두가 공통적으로 동의하고 따를 수 있는 공통의 비전을 개발하는 것이 중요하다. 따라서 비전은 기업 전반에 효과적으로 적용될 수 있어야 한다. 또한 기업이 진정으로 이루고자 하는 것이 무엇이고 어떻게 가치창조를 할 것인지를 이해하는 것은 곧 직원들이 좀 더 업무에 집중하고 우선순위를 세우는 데 큰 도움이 된다. 나아가 공통된 비전은 각자의 역할, 책임감, 기대감의 개발을 이끈다. 모든 비전은 또한 "우리는 무엇을 향해 나아가야 하는가?", "어떠한 방법으로 그 목표점에 도달할 수 있을 것인가?"에 대한 해답을 제시할 수 있어야 하며, 그 자체가 기업의 장기적 성공을 이끄는 가장 기본적이면서도 중요한 열쇠가 된다.

"인간 사회에서는 자연적으로 계급이 존재하게 마련이다.
이런 자연적 계급은 개인의 미덕과 재능에 근거한다."

토머스 제퍼슨[1]

# THE SCIENCE OF SUCCESS

# 미덕과 재능
## VIRTUE AND TALENTS

"법보다는 정의가 더 효과적인 통제수단이다." - 중국 속담

"가장 훌륭한 미덕은 다른 사람에게 가장 유용한 미덕이다." - 아리스토텔레스[2]

**CHAPTER 4**
미덕과 재능

재능의 중요성은 두 번 강조해도 지나치지 않다. 하지만 일전에 토머스 제퍼슨이 언급한 것처럼, 미덕공동의 가치와 신념에 바탕을 두어 행동하는 것 또한 재능 못지않게 중요하다는 사실을 명심해야 한다. 따라서 기업이 진정으로 성공하기 위해서는 미덕과 재능의 중요성을 모두 잘 알고 있어야 할 것이다.

진정한 기업적 성공을 위해 코크 인더스트리즈는 하이에크가 주장한 사회에서의 '정의실현 법칙'의 역할을 수행하는 몇몇 주요 가치들을 채택한다. 이러한 주요 가치들은 시장중심 경영 지도원칙과 행동강령에 잘 스며들어 있다.

# 정의실현의 법칙

사회에서 정의실현의 법칙은 행동규범과 법률의 법칙을 능가한다. 아울러 이는 특정 규율들의 집합체라고 하기보다는 모든 법에 대한 측정을 가능케 하는 일반적인 기준이다.

법은 정부가 권한을 마음대로 남용하여 독단적으로 법을 바꾸는 것을 막는다. 법은 또한 법이 모두에게 지속적으로 적용되고 법 앞에서는 모두가 평등할 것을 강조한다. 법은 평등한 대우<sup>평등</sup>한 결과가 아닌, 개인적 자유와 결정권을 보장한다. 이와 같은 법의 특성은 다시 모든 이들의 겸손함과 사회적 번영, 그리고 진보를 이끈다. 법이 올바르게 적용되었을 때는 개인의 권리를 보장하고 좀 더 공정한 정치환경을 조성하며, 개인의 사회적 기여도를 높이는 효과가 나타난다.

행동규범은 모든 이들이 따라야 할 규범이다. 자유사회가 제기능을 발휘하기 위해서는 정직, 존경, 공헌, 책임감 등의 긍정적인 행동규범이 널리 시행되어야 할 것이다. 나아가 행동규범은 공공의 가치, 신뢰와 함께 적용되었을 때 기업의 문화를 새로 조성한다.

사회나 기업을 막론하고 어떤 단체든 그 단체가 효과적으로 기능하기 위해서는 강력한 명령보다는 정의실현의 법칙에 따라서 다스려져야 한다. 또한 각각의 개인에게 그에 맞는 특정 업무를 부여함으로써 그들이 획기적인 발명을 할 수 있도록 돕고, 새로운 환경에 대한 적응력을 높일 수 있도록 해야 한다.

자세한 규칙이나 지도원칙이 필요할 경우 사회와 기업이 번영할 수 있게 해주는 기존의 발견 프로세스를 통해 기존의 일반적 규칙과 비교하여 평가한다. 필요 이상으로 자세하거나 특정 분야만을 지나치게 강조하는 규칙은 오히려 부패, 권력남용, 사회적 정체 등의 부작용을 초래해 번영을 저해하는 결과를 가져온다. 프랑스의 유명한 작가 프레데릭 바스티아Frederic Bastiat는 이것을 가리켜, "모두가 법을 신뢰하고 따를 수 있게 하는 최선의 방법은 그 법 자체를 가장 신뢰하고 존경할 수 있도록 만드는 것이다."[3]라고 했다.

우리의 시장중심 경영 지도원칙은 공공가치와 신뢰를 바탕으로 정의실현의 법칙을 더욱 확실히 한다. 일반적인 원칙들을 강조함으로써 직원들이 특정 원칙에 더 관심을 갖게 할 수 있지만, 반대로 특정 원칙들만을 강조하면 직원들이 일반적인 원칙에는 관심을 갖지 않게 되는 경우가 발생할 수 있다.

우리들 각자 개개인은 이러한 주요 가치를 내부적으로 강화하는 데 온 힘을 기울여야 하고, 모두가 따를 수 있는 좋은 본보기가 되도록 하여야 한다. 가치창조를 최대화할 수 있는 이것을 가

> ## 원칙적 기업가 정신
>
> 원칙적 기업가 정신이란 정직하고 합법적으로 행동하며 사회를 위한 진정한 가치를 창조해 냄으로써 기업의 장기적인 수익률을 극대화하는 것이다.

리켜 우리는 원칙적 기업가 정신이라고 한다.

## 미덕의 문화

모든 기업에는 그 기업들 나름대로의 문화가 있다. 각각의 문화는 기업이 의도적으로 세운 것도 있는 반면, 다른 요소들의 영향으로 저절로 형성된 것도 있다. 형성 절차를 막론하고 모든 기업문화는 구성원들의 행동과 지도자나 정부에 의해 정해진 법을 바탕으로 결정되게 마련이다. 한편, 시장중심 경영이 요구하는 문화는 몇 가지 독특한 특징을 갖는다. 다행히 우리는 이러한 특징을 가진 기업문화를 형성할 수 있었고, 이것은 다시 기업 내 정책들을 평가하고, 수행성과를 측정하며, 개인의 행동을 안내할 수 있는 행동규범, 공공의 가치 등을 정하는 데 필요한 기준이 되었다.

---

### 시장중심 경영의 지도원칙

1. 정직    모든 일을 합법적인 절차를 통해 수행한다.

2. 추종    전 직원의 동의를 100% 얻어내서 10,000%의 추종을 이끌어내도록 한다. 환경, 안전, 그리고 그 밖의 다른 모든 분야에서의 추종을 이끌어내는 데 주력한다. 일을 진행하다가도 중간에 멈춰, 생각하고 묻기를 반복한다.

3. 가치창조    경제적 수단을 통해 장기적이고 진정한 가치를 창조한다. 좀 더 나은 결과를 창출해 내기 위해서 시장중심 경영을 이해하고 개발하며 알맞게 적용시킨다. 또한 불필요한 낭비를 제거한다.

4. 원칙적 기업가 정신    기업과 사회에 큰 기여를 하기 위해 필요한 긴박감, 자질, 책임감, 판단력, 실천, 경제적이며 비판적인 사고능력, 모험심 등을 증명해 보인다.

5. 고객 중심    고객이 원하는 것이 무엇인지 예상하고 그 욕구를 만족시키기 위해 고객과의 관계를 이해하고 발전시켜 나간다.

6. 지식    최고의 지식을 추구하고 이용하며, 도전 프로세스를 향상시키는 동시에 개인의 지식을 다른 사람과 공유함으로써 수익창출로 연결시킨다.

---

| 7. 변화 | 끊임없이 변화한다. 항상 미래를 예측하고, 현재에 안주하지 않으며 창조적 파괴를 주도해 나간다. |
| --- | --- |
| 8. 겸손 | 항상 겸손하고 지적으로도 정직해야 한다. 현실에 대한 좀 더 깊은 이해와 접근을 통해 진정한 가치창조와 개인적 발전을 이룰 수 있다. |
| 9. 존경 | 위엄, 존경, 정직함을 갖고 타인을 대한다. 다양성이 주는 가치를 즐기고, 팀워크를 장려한다. |
| 10. 만족 | 개인의 잠재력을 개발하고 직업적 성취감을 얻기 위해 가치를 창조한다. |

긍정적인 결과를 얻기 위해 이러한 원칙들을 자연스럽게 응용할 수 있을 정도가 되기 위해서는 수많은 노력과 연습이 필요하다.

많은 기업들이 비슷한 원칙들을 가지고 있다. 하지만 그중 몇 안 되는 기업만이 직원들에게 이러한 원리를 이해시키고 원칙을 거스르지 않고 조화를 이룰 수 있도록 돕는 체계적인 시스템을 가지고 있다. 이러한 원칙들은 체계적인 시스템을 통해서 비로소 실제 기업문화에 영향을 줄 수 있게 된다. 하지만 원칙을 따를 수 있게 하는 체계적인 시스템이 뒷받침되지 않으면, 이 같은 원칙들은 그저 겉모습만 그럴싸한 의미 없는 슬로건에 지나지 않는다.

체계적 절차를 확립하는 첫 번째 단계는 기업의 정책과 실제 업무가 관료주의, 권위의식, 비非신뢰성보다는 가치창출, 창의력, 책임감의 문화로 표출될 수 있도록 초점을 맞추는 것이다. 코크 인더스트리즈의 경우, 이를 위해 직원 채용 시 우리의 원칙을 잘 이해하고 따를 수 있는 사람을 위주로 선발했다. 우리는 직원들에게 원칙과 그들의 역할에 대한 자세한 설명과 함께 이러한 원칙들이 그들의 행동을 이끄는 기준이 될 것이라는 사실을 끊임없이 강조했다. 또한 우리는 기업의 발전과 향상 정도를 직원들이 얼마나 원칙을 잘 이해하고 이행하느냐를 바탕으로 측정했다. 또한 우리는 주기적으로 직원들에게 알맞은 피드백을 제공하고 훈련시키며, 만약 우리의 원칙을 따르지 못하고 화합을 이루지 못하는 직원이 있다면 해고 조치를 취했다.

지도자들을 선정할 때는 이러한 단계를 성실히 수행하고 회사의 문화를 형성하는 데 다른 이들의 본보기가 될 만한 직원을 선출했다. 왜냐하면 지도자는 그들 스스로에게 주어진 업무 자체와 그들이 다른 직원들을 이끄는 두 가지 역할을 동시에 수행하기 때문이다. 또한 지도자들은 일정한 기준을 확립하는 동시에 기업문화를 형성하고 이에 대한 책임을 진다. 이렇듯 막중한 책임을 갖는 지도자들은 항상 원칙을 적용하고 이를 내부적으로 강화시킴으로써 긍정적인 결과를 얻는 데 주력해야 한다.

시장중심 경영을 효과적으로 응용하려면 무엇보다도 결과에 초점을 맞춰야 한다. 시장중심 경영을 응용할 때 주의할 점은 직원들이 기본 원칙의 의미와 뜻을 이해하는 데 그치지 않고 이러한 원칙을 이용해서 수익을 창출할 수 있도록 해야 한다는 것이다. 기본 원칙들을 이론적으로 이해했을 뿐 그것을 실제로 응용하지 못하는 직원들은 기업의 가치창조 능력을 저해할 뿐만 아니라, 기업의 독특한 문화형성에도 부정적인 영향을 줄 수 있다. 이것은 이론적으로만 체스를 아는 것과 체스 게임방법을 정확히 파악해 실제 게임에서 우승할 수 있는 전략을 세우는 것에는 큰 차이가 있는 것이나 마찬가지다. 경영진의 한 사람으로서 갖추어야 할 능력은 사람을 잘 파악하고 높은 수익률을 창출해 낼 수 있게 하는 긍정적인 원칙을 알맞게 응용할 수 있는 인재를 구별해 내는 것이다.

한편, 모든 사람에게 이익을 가져다줄 수 있는 긍정적인 문화를 조성하기 위해서는 멘토링과 함께 바람직한 모델이 제시되어야 한다. 훌륭한 지도자라면 이러한 원칙들을 바탕으로 경영함과 동시에 모든 직원들과 함께 정기적으로 이런 원칙들을 재검토하는 것 또한 게을리 하지 않아야 한다. 또한 직원들에게 발전을 위한 기회와 현실을 반영한 피드백을 지속적으로 제공해줄 수도 있어야 한다. 이뿐만이 아니다. 그들은 자신을 포함한 모든 직원이 이러한 원칙을 지키는 것은 물론이고 이에 따른 책임을 질 수 있도록 해야 한다. 지도자들은 또한 효과적이고 바람직한 기업문화 조성을 이끄는 직원들에게 그 대가로 좋은 기회를 제공하기도 한다. 그러면 이런 직원들은 대개 주요사업 쟁점에 대한 건설적인 변화와 혁신을 주도하고, 수익률 높은 결과를 달성하며, 앞서 말한 원칙적 기업가 정신을 통해 성장해 나간다.

진정한 가치창조 능력은 모든 직원들이 열정적으로 새로운 발견을 위해 노력하는 원칙적이고 기업가적인 문화에 의해 결정된다. 비록 각 직원들은 그들이 가지고 있는 가치와 신념에 근거하여 고용되었지만, 긍정적인 결과를 창출해낼 수 있는 능력 또한 그들이 갖춰야 할 필수 요소다. 한편, 기업을 위해 반드시 필요한 재능을 포함하지 않은 미덕은 가치창조에 크게 기여하지 못한다. 반대로 미덕이 결여된 재능은 기업과 모든 직원들을 한꺼번에 위기에 몰아넣을 수 있을 만큼 위험하다. 예컨대 지금까지 경험을 통해 보았을 때, 미덕이 결여된 직원이 재능이 결여된 직원보다 결과적으로 기업에게는 더 큰 손해를 가져다주었다. 몇 년 전 우리 회사의 생산공장 중 한 곳의 감독관이 철저한 트레이닝 과정을 통해 교육을 받았음에도 불구하고 새로운 정부의 요구사항이 비능률적이라는 주장을 제기하고 나섰다. 그는 그러한 비능률적인 규칙은 지킬 가치조차 없다고 생각했다. 우리는 그의 이런 미덕이 결여된 행동이 결과적으로는 회사에 큰 손해를 끼칠 것이라고 예상하고 그를 즉각 해고 조치했다. 다시 한 번 강조하지만, 훌륭한 인재는 미덕공동의 가치와 신념에 바탕을 두어 행동하는 것과 재능특정 역할을 효과적으로 수행하기 위해 필요한 특정 기술이나 지식 두 가지 측면을 모두 갖추어야 한다.


## 재 능


우리 각자의 특정한 기술이나 지식을 발전시키는 잠재력은 개인의 지능에 의해 결정된다. 이러한 지능의 종류에는 여러 가지가 있는데, 어느 누구도 같은 재능을 갖고 있지 않고 각자만의 독특한 지능을 보유하고 있다. 그렇기 때문에 이같이 다양한 각자의 재능이 알맞게 결합된 다양성을 보유한 팀이나 기업을 설립하는 것이 그만큼 중요한 것이다.

우리는 가치창조를 극대화할 수 있는 잠재력을 갖고 있는 인재를 찾아내고 그에 맞는 보상을 하고 또한 앞으로의 더 많은 발전을 위한 기회 제공에 힘쓴다. 이것이 우리가 다양성의 가치를 중요시하는 이유이기도 하다. 진정한 자유사회에서는 구성원들에게 그들이 속한 그룹이 아닌 각자의 개인 능력에 따른 보상을

# 다중지능

하워드 가드너(Howard Gardner)에 의해 착안된 이론에 따르면 우리 모두가 각각 몇 개의 독립된 형태의 지능을 가지고 있다고 한다. 이러한 지능들은 어느 것 하나가 특별히 우월하거나 열등하지 않으며 각각의 지능은 학습되고, 문제를 해결할 뿐만 아니라 가치 있는 상품이나 서비스를 개발하는 것을 돕는다.

가드너는 지능을 여덟 가지 종류로 나누었는데, 각각의 지능은 다시 세분화된다. 물론 여덟 가지 종류의 지능 모두 중요하지만, 그중 음악적 지능(musical intelligence)과 신체-운동적 지능(bodily-kinesthetic intelligence)은 상대적으로 코크 인더스트리즈와는 관련이 적다. 반면 코크 인더스트리즈와 관련이 깊은 나머지 여섯 가지 지능은 다음과 같다.

### 대인관계 지능(Interpersonal Intelligence)

대인관계 지능은 다른 사람을 이해하고 그들의 미덕과 재능을 파악하며 어떻게 그들과 협동적으로 일할 것인가를 판단하는 지능이다. 이것은 평범한 것들 중에서 특이한 점이나 독특한 점을 포착하는 능력은 물론이거니와 그러한 특징들의 상호작용을 일으킬 수 있게 하는 능력이다. 대개 지도자, 세일즈맨, 교사 등이 대인관계 지능이 우수하다.

### 자기이해 지능(Intrapersonal Intelligence)

내부적인 관점에 초점이 맞추어진 개인 내부의 지능이다. 이것은 보다 효과적인 삶을 살기 위해 지속적이고 정확하며 현실적으로 자신을 평가하는 능력이다. 자신의 지능, 동기, 감정에 대한 예리한 인식은 지도자들이 갖추어야 할 필수자격 요건이기도 하다. 이러한 지능을 잘 갖추고 있지 못하면 자기 자신들은 물론이고 다른 사람에게까지도 손해를 입힐 가능성이 크다. 특히 자기 현실을 정확하게 파악하지 못하는 경우 그 손해의 정도는 더욱 커지기 마련이다.[5]

### 언어적 지능(Linguistic Intelligence)

언어적 지능의 특징은 단어의 뜻, 순서, 음성, 리듬, 억양에 따른 미묘한 차이를 구별해낼 수 있는 능력이다. 이러한 지능은 설득이나 자기 의사의 효과적인 전달을 가능하게 한다. 이것은 또한 언어를 학습할 뿐만 아니라 가르칠 수도 있게 하고, 특정 발언이나 행동 뒤에 숨겨진 깊은 뜻을 짐작할 수 있게 도와주는 능력이기도 하다. 이 밖에도 재치 있는 질문과 이에 따른 토론을 유도해 내어 유용한 정보교환을 이끌어내기도 한다. 아울러 이 능력은 학생, 교사, 지도자, 연설가, 작가, 세일즈맨, 변호사와 같이 언어 사용빈도가 높은 직업에서 특별히 요구된다.

### 논리-수학적 지능(Logical-Mathematical Intelligence)

논리적·수학적·과학적 문제를 체계적이고 논리적이며 계산적인 방식으로 해결하는 과정에서 반복되는 일정한 규칙을 찾아내는 비언어적인 능력이다. 이 지능은 과거에 이미 발생한 사건이 다른 시나리오에서는 어떤 식으로 전개될 것인가를 예측할 수 있게 하여 경제적 계산과 모험적 사업에 대한 분석을 할 수 있게 돕는다. 이것은 또한 확실한 관계와 연결은 물론이거니와 연역적이고 귀납적인 근거를 모두 포함한다. 즉, 이 지능은 특히 모든 것을 공식화하고 분석, 조사, 혁신, 계산하며 항상 도전적인 자세로 임하는 사람들에게 요구되는 능력이다.

### 공간적 지능(Spatial Intelligence)

3차원 세계의 정신 모델을 형성하고, 이렇게 형성된 모델을 바탕으로 정책을 세워 운영하는 데 필요한 지능이다. 이것은 공간적인 세계를 정확하게 인지하고, 이를 변화와 변형을 통해 시각화하는 능력을 말한다. 디자이너나 엔지니어처럼 직접적으로 공간 세계와 접촉하는 사람들이 있는 반면, 이러한 공간적 지능을 도구 삼아 3차원적 관계를 다루는 상인이나 화학자 같은 사람들도 있다.

### 자연탐구 지능(Naturalist Intelligence)

자연세계에서 각기 다른 자연현상을 구별할 수 있는 능력을 말한다. 이것은 과거 우리 조상들이 자연현상에서 일정한 패턴을 발견한 뒤 이를 생존을 위한 법칙으로 발전시킨 사실과 관련이 깊다. 이 지능은 감각을 통해 사물을 인지하는 능력, 그러한 사물들을 구별하고 일정한 기준에 따라 알맞게 분류하는 능력을 포함한다. 이러한 지능은 산업분야 중에서도 특히 식품, 건설, 광업, 환경보호 분야에서 매우 중요하다.

지능은 한 인간이 가진 각 분야에서의 개인적 잠재력을 의미한다. 인간은 여러 분야에 걸쳐 다양한 능력을 갖고 있지만, 능력의 정도는 많은 차이가 있다. 이러한 이유에서 개개인이 모인 집단에서는 항상 비교우위가 존재하기 마련이다.

가드너의 모델이 우리의 목적에 꼭 들어맞는 것은 아니다. 정작 우리에게 중요한 것은 각 개인의 기본적인 차이점을 인식하는 것이다.

해준다. 이와 마찬가지로 시장중심 경영을 채택한 기업은 직원들에게 개인의 미덕과 공헌도에 따른 알맞은 보상을 해준다. 한편 우리는 관점, 경험, 지식과 능력의 다양함을 통해 최대의 가치를 창조해낼 수 있는 인재를 찾는 데 많은 노력을 기울인다. 아울러 기업 내부적 다양성은 다양성이 강조되는 사회에서의 고객과 커뮤니티를 잘 이해하는 데 중요한 역할을 한다.

직원 채용절차는 역할에 대한 확실한 비전과 해당 역할을 수행하는 데 꼭 필요한 재능을 제시함으로써 시작된다.[6] 또한 다른 절차와 마찬가지로 도전과 변화의 대상이 된다. 채용절차는 서로의 상호작용과 새로운 발견을 통해 진행되고 발전하며, 비교우위에 따른 승인절차를 통해 더욱 가속화된다.

특정한 역할에 대한 후보자의 적임성과 직원의 수행능력을 고려할 때 다음의 매트릭스를 염두에 두도록 하자.

가치와 신념 축은 '높고 낮음'이나 '좋고 나쁨'으로 나뉘지 않는다는 점을 명심하도록 하자. 반면 특정 인물이 어떤 기업에 적합한 인물인지를 평가하는 보조 자료는 될 수 있다. 이 매트릭스는

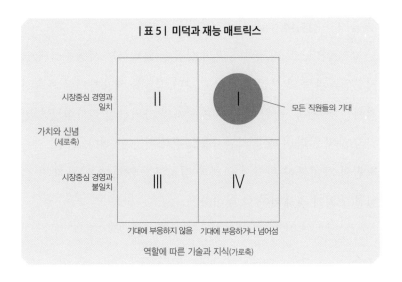

|표 5| 미덕과 재능 매트릭스

면접관들의 의견과 지식 교환을 도울 뿐만 아니라 그렇게 함으로써 지원자들을 좀 더 정확하게 평가할 수 있게 한다.

우리는 지원자들뿐만이 아니라 기존의 모든 직원들이 우리의 시장중심 경영 지도원칙에서 제시된 가치들과 함께 조화를 이루기를 원한다. 직원들은 또한 그들의 역할에 따른 기술이나 지식을 훨씬 능가하는 능력을 발휘할 수 있는 잠재력을 키워야 한다. 〈표5〉에서의 1분면은 성공사업superstar : 고속성장이 기대되고 시장 점유율도 높은 사업-역주을 의미하는 것이 아니라 기대를 나타낸다. 보통, 주어진 역할을 미처 잘 파악하지 못한 직원들은 처음에 2분면에 위치할 것이다. 하지만 이것은 일시적인 것이다. 1분면에 위치한 직원 외의 모든 직원들은 얼마 지나지 않아 곧 2분면의 위치로 모두 옮겨갈 것이다.

코크 인더스트리즈의 장기적 성장을 위해서는 시장중심 경영 지도원칙과는 맞지 않은 가치를 지닌 직원을 채용하거나 존속시켜서는 안 된다. 직원 채용 시 지원자의 가치관이 회사의 경영원칙과 맞지 않다면 해당 지원자를 고용해서는 안 된다. 한편, 기존 직원의 가치관이 회사의 원칙과 일치하지 않다면 이에 대한 적절한 조치가 취해져야 할 것이다.

# 직원의 발전

여기서의 발전이란 기업과 개인 모두의 끊임없는 개선 과정을 뜻한다. 기업 수준에서는 지도자들이 각 직원들의 개인적 재능을 적극적으로 관리해야 한다. 또한 훌륭한 지도자는 자신들이 맡은 주요 직책에 걸맞은 역할을 수행함에 있어 다른 이들보다 월등히 뛰어난 비교우위를 보유한 적임자여야 한다. 비전을 세우고 기업이 이를 충분히 실현시킬 수 있다는 것을 보여주기 위해 지도자는 직원들의 수행능력을 A, B, C 레벨로 평가한다.

ABC 프로세스의 목적은 재능을 향상시키고 모든 직원들이 그 역할에 맞게 능력을 최대한 발휘하여 높은 수익을 창출해낼 수 있도록 하는 것이다. 특히 직원들이 그들의 능력을 최대한 발휘할 수 있게 하기 위해서 기업은 기존 직원들의 능력을 개발하고 각자에게 맞는 역할을 부여하여야 한다. 또한 능력이 기준에 미달하는 직원은 해고하며, 외부의 유능한 인재가 있다면 그들을 자기 소속으로 만들어야 한다. 직원의 수행능력은 정확한 수치에 의해 측정될 수 없기 때문에 모든 평가는 주관적 판단을 바탕으로 이루어진다. 이 프로세스는 관료적이거나 엄격한 공식으로 적용되기보다는 지도자들로 하여금 비전을 발전시키기 위해 요구되는 재능을 개발하고 획득하며 유지하는 데 도움을 주는

# ABC 프로세스

A 레벨 주요 경쟁자에 대한 현재 역할의 수행성과와 공헌도가 비슷한 위치의 다른 직원의 그것보다 월등히 높아 장기적인 수익률에 대한 공헌도가 높은 직원을 말한다. 하지만 이러한 직원들은 전체의 15%에 지나지 않는다. 한편, 기업은 이들을 존속시키는 데 최선을 다해야 한다. 코크 인더스트리즈는 A 레벨 직원들과 같은 우수한 직원을 위한 환경을 조성하고, 이런 우수한 인재를 잘 알아보고 채용할 수 있는 능력을 키우는 데 주력한다.

B 레벨 현재 역할의 수행성과와 공헌도가 다른 동료나 경쟁자들과 비슷한 직원들이다. 이들은 보통 전체 직원의 15~50%를 차지한다. 이들은 지속적으로 기대에 부응하고 많은 분야에서 기대 이상의 실적을 올리기도 한다. B 레벨 직원들의 능력을 모으면 이것은 곧 기업이 성공할 수 있는 든든한 밑거름이 될 수 있다. 이들은 2인자로 머물지 않고 끊임없이 노력과 자기 개발을 통해 A 레벨 직원이 될 수 있도록 해야 한다.

C 레벨 현재 역할의 수행성과와 공헌도가 다른 직원들과 비교했을 때 현저히 떨어지는 평균 이하의 성과를 올리는 직원들이다. 때문에 C 레벨 직원들은 기대에 부응하지 못한다. 이것은 그들에게 주어진 역할이 그들과 맞지 않아서일지도 모른다. 다시 말해 그

들이 만약 다른 역할을 맡고 있다면 지금과 정반대로 B 또는 A 레벨 직원과 같은 성과를 올릴지 모른다. 하지만 그들에게 적합한 역할을 부여함으로써 그들의 수행능력을 B 레벨까지 끌어올리지 못하게 된다면 그들은 결국 해고 대상자로 전락하고 말 것이다.

한 기업에서 가치창조를 못한다고 해서 다른 기업에서도 못하리라는 법은 없다. 오히려 그들의 재능과 가치관과 잘 맞는 기업에서 그들은 더 성공할 수도 있다.

수단으로 쓰여야 한다.

또한 직원들의 수행능력은 시간이 지남에 따라 크게 변한다는 것을 알고 있어야 한다. 어떤 직원들은 그들의 수행능력을 크게 발전시키는가 하면, 다른 직원들은 변화하는 환경에 알맞게 대처하지 못해 오히려 후퇴하기도 한다. 한 기업이 사회를 위한 가치를 창조해 내기 위해서는 소속 직원들 또한 기업을 위해 가치를 창조해 내야 한다. 한편, 이에 공헌하지 않는 직원은 사회를 위한 기업의 가치창조 능력을 떨어뜨리고 만다. 그러므로 시장 중심 경영을 기준으로 볼 때 가치창조를 하지 않는 직원은 결국 진정한 의미의 직업이 없는 것이나 마찬가지다. 기업의 경영성과를 향상시키기 위해서는 이러한 원리와 ABC 프로세스가 모든 직원에게정직원이든 임시직원이든 골고루 적용되어야 할 것이다.

ABC 프로세스의 주요 대상은 사실 A와 C레벨 직원들이다. 좀 더 구체적으로 말하자면, 트레이닝·능력 개발·멘토링과 역할 변화 등을 통해 C레벨 직원들의 수행능력을 향상시킬 수 있는 특별 전략이 세워져야 한다. 반면, 이러한 전략에 즉각적으로 대응하지 못하고 항상 C레벨에만 머무르는 직원들에게는 해고 조치가 내려져야 할 것이다. 그렇지 않고 그들을 그대로 방치한다면 그들은 결국 다른 직원들의 수행능력까지 저하시키는 결과를 불러일으킬 뿐만 아니라, 결국 기업 전체를 위험으로 몰아넣을 수도 있다. 한편, C레벨 직원들을 위한 전략을 어느 정도 진행시켰다면 이제는 경영진들이 A레벨 직원들의 능력을 한층 더 향상시키고, B단계 직원들에게는 A단계로 발전할 수 있는 기회를 제공해야 한다. A단계의 직원들은 기업 비교우위의 중심에 서 있다. A단계 직원들을 위해 새로운 기회를 끊임없이 제공해야 하는 필요성은 기업이 항상 성장해야 하는 이유 중 하나다.

기존 직원들의 능력을 지속적으로 개발하는 것뿐 아니라 외부에서 A레벨의 인재를 발굴해 오는 것도 매우 중요하다. 이렇게 함으로써 기업은 추가적인 비교우위를 획득할 수 있고, 더 많은 성장기회를 포착할 수 있으며, 내부에서 그 적임자를 찾을 수 없을 때 그 역할에 맞는 인재를 적절히 고용할 수 있게 된다. 기업 내 모든 직원들이 원칙에 따라 행동하고 각자 맡은 역할에 따른 알맞은 재능을 보유할 때 기업은 비로소 장기적 수익률의 극대화를 이룰 수 있게 된다.

기업에 맞는 유능한 인재를 고용하는 것만큼 같이 회사를 이끌어갈 동업자를 선택하는 것도 매우 중요한 일이다. 서로에게 맞지 않는 동업자주 또는 합작 회사의 파트너를 선택하는 것은 기업과 잘 맞지 않는 직원을 고용하는 것만큼 부정적인 결과를 낳기 때문이다. 특히 파트너가 가족이나 친한 친구라면 서로의 사적인 감정 개입으로 인해 문제가 발생했을 때 문제해결이 더욱 어려워진다.

지난 60여 년의 세월 동안 우리는 수많은 파트너와 동업을 하면서 공통된 비전과 가치관을 공유했었다. 아울러 이 과정에서 우리가 만약 파트너와 공통된 비전이나 가치관을 더 이상 찾을 수 없게 되면 해당 파트너와의 파트너십을 해체하는 것을 원칙으로 삼았다. 어쨌거나 파트너와의 의견 차이가 더 깊어지고 장기간 계속될수록 서로의 오해의 골은 더욱 깊어지고, 평화적인 타협은 점점 어려워질 수밖에 없다.

만약 파트너의 비전이 도저히 타협할 수 없는 상반된 것이라면 그 기업은 실패할 수밖에 없다. 파트너 중 하나는 특정 사업을 충분히 가능성이 있는 흑자 사업으로 보는 반면, 다른 파트너는 그와 반대되는 견해를 가졌다고 가정해 보자. 안타깝지만 이런 파트너 간의 견해 차이는 사업을 제3자에게 매각하거나, 한 파트너(사업을 가능성 있다고 보는 파트너)가 다른 파트너의 지분을 인수하여 파트너십에 마침표를 찍는 것이 최선의 선택일 것이다.

마찬가지로 만약 파트너들의 가치관이 서로 대립된다면 기업으로서는 장기적인 성장을 이어나가기 힘들어진다. 지금까지 코크 인더스트리즈는 파트너십을 통해 성공적인 결과를 달성한 적이 거의 없었다. 따라서 몇 번의 실패한 파트너십의 결과로 맛본 뼈아픈 경험을 통해 많은 교훈을 얻은 우리는 오직 파트너가 우리와 공통된 가치관을 가졌을 때만 협력할 것을 원칙으로 삼기로 했다.

잘못된 파트너십의 최악의 시나리오는 적대적인 파트너십에 발이 묶여 빠져나오지 못한 채 기업이 후퇴의 길로 빠져드는 경우다. 전에 한 번은 우리가 제안하는 모든 사항을 거부하는 골치 아픈 사업 파트너와 합작 회사를 차린 적이 있다. 그는 자신의 존재가 얼마나 중요한지를 증명하고 싶었던지 이사회에 항상 한 시간 반씩이나 늦게 나오곤 했다. 사정이 이렇다 보니 우리는 파트너십을 더 이상 유지할 수 없다는 판단 하에 그와의 동업을 중단하기에 이르렀다. 우리는 이처럼 파트너십을 시작할 때는 훗날 예상치 못한 변수에 의해 파트너십을 중단하게 될 경우도 충분히 고려해야 할 것이다.

반면 각각의 파트너의 우수한 능력을 바탕으로 해서 공통된 비전과 가치관을 공유한 파트너십의 경우 더 나은 가치창조에 한 발 더 가까이 다가갈 수 있다. 예를 들어 위치타 출신 기업가 조지 애블라는 ABKO의 파트너였다. 그 당시 서로가 공유한 공통된 비전과 가치관 덕분에 우리는 부동산업 분야에서 매우 성공적인 파트너십을 이어나갈 수 있었고, 결국 이것은 크라이슬러 토지Chrysler Realty라는 회사를 인수하도록 했다.

성공적인 파트너십의 경우는 이뿐만이 아니다. 예를 들어, 나의 형 데이비드와 나는 "주요 능력을 최대한 발휘함으로써 장기적인 가치창조를 극대화하고, 이를 위해 끊임없이 혁신하고 발전하며, 그 과정에서 얻어진 이익을 더 나은 기회에 재투자한다."는 코크 인더스트리즈를 위한 공통된 비전을 공유한다.

이것은 마셜 가家와의 관계에 있어서도 마찬가지다. J. 하워드와 피어스 마셜 그리고 그의 미망인 일레인은 회사 사정이 좋을 때건 나쁠 때건 한결같이 우리와 절대적인 동맹 관계를 이어왔다. 그레이트 노던 정유사의 공동 창업주 J. 하워드는 우리가 그레이트 노던사를 인수하려 할 때 다른 사람에게 더 높은 가격에 그의 지분을 팔 수 있었음에도 불구하고 그 지분을 우리에게 넘겼다. 이는 우리에 대한 그의 신뢰가 남달랐기에 가능했던 일이었다.

물론 이러한 절대적인 신뢰를 보여주는 파트너를 찾는 것은 결코 쉬운 일이 아닐 것이다. 신뢰는 사람들로 하여금 불가능하다고 생각했던 것을 가능하게 해주며, 업무를 좀 더 효율적으로 처리할 수 있게 해줄 뿐만 아니라 공동의 비전을 향한 화합을 가능하게 한다. 노벨상 수상자 케네스 애로Kenneth Arrow는 이러한 신뢰를 가리켜 "사회 기능을 원활하게 하는 매우 중요한 윤활제"라고 표현한 바 있다.[7]

"구소련 정부 시절 못 공장의 생산능력이 오직 무게에 따라 측정되었을 때,
공장주들은 앞 다투어 크고 무거운 못을 생산하는 데에만 주력했다.
시간이 지남에 따라 크고 무거운 못의 과다 생산으로 인해 공장에는 크고
무거운 못의 재고가 넘쳐났지만, 실제로 대중들은
작고 가벼운 못이 모자라 큰 불편을 겪고 있었다. 하지만 그럼에도 여전히
생산능력 측정 기준이 무게였기 때문에 크고 무거운 못 생산은
그 후로도 한동안 계속되었다."

토머스 소웰[1]

# THE SCIENCE
# OF SUCCESS

# CHAPTER 5
## 지식 프로세스
KNOWLEDGE PROCESSES

"발견의 가장 큰 장애물은 무관심이 아니라 잘못된 지식이다." - 대니얼 부어스틴(Daniel Boorstin)[2]

"지식의 가치는 사물의 가치와 일치한다." - 새뮤얼 T. 콜리지(Samuel T. Coleridge)[3]

**CHAPTER 5**
지식 프로세스

시장경제는 대부분 성공적인 결과를 가져온다. 이것은 시장경제가 유용한 지식창출 부문에 있어 뛰어난 능력을 갖고 있기 때문이다. 이러한 지식이 다시 거래에 의한 '가격과 손익'이라는 시장지표와 자유발언에 의해 창출된다.

사회는 지식의 종류가 다양하고 접근하기 쉬우며 관련성이 있고 저렴하며 계속적으로 발전할 때 비로소 번영할 수 있는 것이다. 아울러 이러한 조건들은 모두 거래를 통해 달성할 수 있다.

## 거래

거래의 기본은 상호이득이다. 사람들은 거래를 통해 그들의 삶의 질을 향상시킬 수 있다고 생각하기 때문에 거래를 한다. 하지만 한 가지 명심해야 할 것은 거래 시 충분한 정보가 뒷받침되고 강요나 부정행위로부터 자유로울 때 비로소 우리는 거래를 통해 더 나은 삶을 살 수 있다는 사실이다. 다음은 더 나은 삶을 이끄는 거래의 대표적인 요소들이다.

- 특정 상품을 좀 더 가치 있게 여기는 사람에게 귀속시키는 것
- 생산 과정의 전문화를 통한 더 많은 생산과 소비, 그리고 좀 더 다양한 상품과 서비스의 제공
- 노동 생산력을 향상시키고 이에 따라 생산원가 감소 효과를 가져다주는 대량 생산

역사적으로도 거래는 한 사회의 번영과 진보의 주요 결정 요소였다. 때문에 고립된 지역에 위치한 문명이 크게 발달한 경우는 찾아보기 힘들다. 한 나라의 지리와 정치상황은 거래에 큰 영향을 미치고, 이것은 다시 해당 국가의 문화와 경제 발전을 이끈다. 아울러 대개 새로운 상품, 지식, 생산방법, 혁신을 더 많이 경험한 국가일수록 다른 나라보다 일찍 발전하는 경향이 있다. 네덜란드나 영국 같은 나라는 일찍이 항구가 발달하여 당시 주요 교통수단이었던 배를 이용한 해상 무역이 활기를 띠었고, 그 덕

분에 무역의 중심지로 자리매김할 수 있었다. 반면 아프리카나 중앙아메리카, 남아메리카, 동유럽 국가들의 경우 산에 둘러싸여 고립되어 있거나 다른 지리적, 정치적 장벽으로 인해 일찍부터 발전할 수 없었다.

이는 사업에서도 마찬가지다. 어떤 기업이든 직원들의 능력이 아무리 뛰어나다고 할지라도 이를 내부적으로만 이용한다면 우물 안 개구리로 전락하여 결국 세계적인 혁신과 발전 속도를 절대 따라잡을 수 없다. 그러므로 치열한 경쟁 사회에서 살아남고 기술, 생산방법, 시장, 고객취향의 빠른 변화에 발맞추기 위해서는 기업도 이에 맞는 메커니즘을 개발하여 세계 곳곳에서 발생하는 주요 변화들을 보다 빨리 인식하고 이에 따른 빠른 대응을 하도록 노력해야 한다. 대표적인 방법으로는 트레이딩, 벤치마킹, 전문가와 정기적인 의견 교환, 기술 개발 네트워크 등이 있다.

지식은 한정된 자원을 좀 더 나은 가치를 위해 쓰일 수 있도록 할 뿐만 아니라 생산자가 보다 적은 양의 자원을 이용해 더 나은 가치를 창조할 수 있게 돕는다. 이처럼 지식의 발견과 이용은 자원의 효율적인 이용, 분배, 소비를 이끈다. 한편, 기업 내에서 지식은 기업 자체와 고객을 위해 더 나은 가치를 창조하는 데 꼭 필요한 요소다. 그리고 지식 프로세스는 우리가 가치창조를 위해 지식을 개발하고 분배하며 알맞게 응용해 나가는 과정을 말한다.

불확실한 미래를 성공으로 이끌기 위해서 기업은 각 직원이 보유한 지식을 한데 모을 것을 권장한다.[4] 이것은 새로운 가치창조 방법을 찾아내는 데 큰 도움을 주기도 한다. 직원들은 항상 기술적인 측면에서 뿐만이 아니라 사업 전체적으로 모든 면에서도 혁신적이어야 한다. 시장을 기본으로 한 지식 프로세스는 분산된 지식을 한데 모으고 이것을 적재적소에 적용하여 기업이 변화하는 소비자의 요구를 충족시킴으로써 수익성을 창출해 내게 하는 것이다. 분산된 지식을 한데 모으는 이러한 메커니즘은 더 나은 가치창조를 위해 필요한 자생적 질서를 유발하는 데 없어서는 안 되는 필수 요소다.

## 측정

중요한 지식은 결과를 측정함으로써 얻어진다. 우리는 항상 측정하기 쉬운 것만 측정하려는 유혹에 현혹된다. 하지만 아무리 측정하기가 어렵다 할지라도 측정할 필요성이 있는 것은 반드시 측정해야 한다. 일찍이 아인슈타인은 "측정되었다고 다 중요한 것은 아니고, 중요한 것이 모두 다 측정되는 것도 아니다." 라고 말했다.[5] 모든 사업의 가장 기본적인 측정법은 '가격과 손익'

이다. 기업은 이것들을 통해 사람들이 어떤 것을 가치 있게 여기고, 그러한 가치를 만족시키려면 어떻게 해야 하는지 판단할 수 있다. 자유경제에서의 손익이란 기업이 사회에서 창조해낸 가치에 대한 시장의 객관적인 평가다.

성공하기 위해서 기업은 계속적으로 이러한 손익측정 방법을 점차 발전시켜 나가야 한다. 또한 그 원인을 파악하여 부가가치로 이어질 수 있는 것과 그렇지 못한 것을 구별할 수 있어야 할 것이다. 이러한 지식은 기업의 비전과 사업 전략을 제시함으로써 혁신을 이끌고, 불필요한 낭비를 줄이며, 계속적인 발전을 이끌 수 있는 기회를 제공한다. 높은 수익창출을 가능케 하는 요소들이 무엇인지 알아내는 것은 매우 중요하다. 그러므로 기업은 어떠한 요소들이 수익창출을 가능하게 할 수 있는지를 파악하고, 이러한 요소를 측정하는 방법도 동시에 발전시켜야 한다.

성공적인 기업은 자기자산, 상품, 전략, 고객, 계약, 직원의 수익성 또는 수익을 발생시키는 요소들을 파악하고 측정하는 데 특히 우수하다. 실제로 코크 인더스트리즈가 인수했던 한 사업 분야는 이러한 점에서 매우 취약했고 그 결과 실패를 경험했다. 생산 공장, 상품, 고객과 직원의 수익성을 측정하지 않았던 것이 문제였다. 우리는 이 사업의 실패 원인을 밝혀내기 위해 측정법을 발전시켰고 그 결과 한 상품의 생산량 중 60%를 대량 구매 고객들에게 판매해서 전체 수익률의 20%만을 달성한 반면, 나머지 40%의 생산량을 소량 구매 고객에게 팔아서 오히려 전체 수익률의 80%를 달성했다는 사실을 알아낼 수 있었다. 그러자 지금까지 주로 소수의 대량 고객에게만 집중해 왔던 세일즈 팀은 이러한 현상이 계속될 것을 예상하고, 기업 입장에서 더 높은 수익을 남길 수 있는 소량 구매 고객으로 눈을 돌렸다. 이 같은 예에서 알 수 있듯이 측정을 하는 것은 시간과 자원을 어느 분야에 투자해야 할지를 결정하는 데 필수적이다.

기업은 해당 산업분야 내에서 일어나고 있는 변화를 예의주시하고, 다른 경쟁자와의 비교를 통해 스스로의 경쟁적 위치를 파악할 수 있어야 한다. 이를 위해서는 해당 산업의 동향과 경쟁자들의 동향을 주기적으로 살펴야 할 것이다. 시장 점유율, 원가 절감, 마진율의 향상 또는 악화, 신상품의 수익률 등의 변화 정도는 이러한 비교의 대표적인 예다.

측정은 항상 양적이어야 하지만 동시에 질적인 요소도 아예 배제해서는 안 된다. 경우에 따라 몇몇 사안들에 대한 가치나 비용 등은 측정하기 어려울지 모른다. 하지만 적어도 이러한 사안들에 대한 측정의 노력을 통해서 값진 지식을 얻을 수 있다. 아울러 "가치와 비용 생성을 주도하는 요소에는 어떤 것들이 있는가?"와 "어떻게 수익률을 높일 수 있을 것인가?" 같은 질문을 스스로에게 던지는 것은 창조적 통찰력을 키우는 데 큰 도움을 줄 것이다.

몬태나 주에 위치한 마타도르 축산 소유의 비버헤드Beaverhead 목장의 변화를 단행할 당시 가장 중요한 요소는 수익률을 주도하는 주요 요소들을 측정하고, 이러한 요소들을 향상시킬 수 있는 활동을 파악하는 것이었다. 비용 외에도 이러한 요소들로는 축우 수용력, 축우 사육률, 이유離乳 시 체중, 환경 친화적인 활동 등이 있다. 이러한 요소 향상에 주력한 결과, 목장은 결국 25%의 비용 절감, 8%의 축우 수용력 증가, 90에서 95%의 축우 사육률 향상, 20%의 이유 시 체중 증가, 7개의 주요 환경상 수상과 야생동물 서식지 평의회Wildlife Habitat Council가 주는 야생동물 수 증가에 대한 공헌상과 같은 성과를 달성하였다.

측정 과정의 정확성은 몇 번을 강조해도 지나치지 않을 만큼 매우 중요하다. 하지만 지나치게 자세한 정보는 오히려 낭비를 초래하여 올바른 결정을 끌어내지 못한다. 어차피 결과라는 것은 정확하게 예측하기 불가능한 것이기 때문에 지나치게 자세한 예측은 오히려 낭비적이다. 이는 또한 잘못된 자신감을 불러일으킬 수도 있어 오히려 역효과를 초래할 가능성이 높다. 반면 수익성을 이끄는 주요 요소들을 측정하는 것은 매우 중요하다. 예를 들어 수익성과 밀접한 관련이 있는 에너지 소비량의 경우 미리 정해진 예산에 따라 제한하기보다는 이상적인 소비량에 초점을 맞추어야 할 것이다.

또한 혹시라도 원가절감의 한 측면만을 강조하는 착오에 빠지지 않도록 해야 한다. 비용은 가치창조의 한 요소에 불과하다매우 중요한 요소임에는 틀림없지만. 만약 체중을 감량하고 싶다면 간단히 다리 하나를 잘라내는 것만으로도 그 목표는 이룰 수 있을 것이다. 하지만 이것은 분명 진정한 의미의 체중감량과는 거리가 먼 이야기일 것이다. 마찬가지로 무조건적인 비용절감 역시 근시안적 대안일 뿐 아니라, 미래 수익률에도 오히려 악영향을 미치는 결과를 초래할 수 있다. 대신에 불필요한 낭비나 기회비용을 고려한 후 수익률이 비교적 낮은 활동을 줄이는 데 주력하는 것이 오히려 더 알맞은 대안일 것이다.

코크 기업이 점차 국제화됨에 따라 낭비를 줄일 수 있는 부가적인 기회는 점점 더 많아진다. 연료 설비분야의 선두 주자인 우리의 자회사 존 징크Jonh Zink사는 일찍이 일정한 수익률 유지를 가능하게 하는 것이 강한 브랜드 이미지만은 아니라는 사실을 깨달았다. 그렇기 때문에 존 징크사는 지속적으로 제품의 질을 향상시킬 수 있는 방법뿐 아니라 비용절감 방법도 연구하기 시작했다. 그 결과 오늘날 존 징크사의 복잡하고 노동 집약적인 제품을 값싼 노동력과 함께 이 분야에 탁월한 능력을 보이는 한 중국 기업에서 생산하고 있다. 기존의 공급자들 대신 중국 기업을 하청업체로 채택함으로써 존 징크사는 50%의 비용절감 효과와 더불어 품질 향상과 운송시간의 단축이라는 성과를 동시에 이룰 수 있었다.

불필요한 낭비 축소의 성패 여부나 낭비 정도를 측정하는 방법에는 세 가지가 있다. 그중 가장 직접적이고 확실한 방법은 특정한 변화가 수익률 향상에 영향을 주었는지 알아보는 것이다. 예를 들어 다른 요소들은 전과 다름없는 상황에서 비용을 절감한 후 수익률이 감소했다면 이때 우리가 그동안 낭비라고 여겨왔던 요소는 실제로 낭비 요소가 아니었음을 뜻한다. 한편, 효과적인 비용절감을 위해서는 한계분석marginal analysis: 소비자의 효용 극대와 생산자의 이윤 극대의 조건을 수학적으로 명시하는 방법-역주과 경제적 사고, 그리고 올바른 판단력이 요구된다. 이것은 어떤 활동을 실행할 가치가 있는가를 결정할 뿐만 아니라 이러한 활동의 효과적인 수행절차와 이외에 더 높은 수익률을 가져다줄 수 있는 대안이 있는지를 판단한다.

| 표 6 | CPV(Cost, Price and Value : 비용, 가격, 가치) 트라이앵글

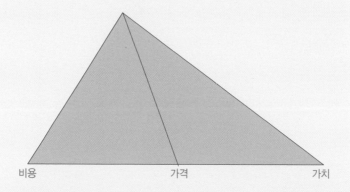

비용                              가격                              가치

　판매자의 수익은 가격과 상품생산을 위한 원가 사이의 차액인 반면, 구매자의 수익은 가격과 상품으로부터 얻는 가치의 차액에서 비롯되는 것이다. 가격은 판매자와 구매자 사이의 총 가치를 나눌 뿐만 아니라, 거래가 이루어지는 지점을 결정하는 중요한 지표가 되기도 한다. 잠재적 생산자의 원가보다 실제 가격이 낮으면 생산자로서는 손해를 보게 된다. 때문에 이 경우 생산자는 더 이상 생산하지 않을 것이다. 한편, 잠재적 구매자가 지불하고자 하는 상품 금액보다 실제 가격이 높으면 구매자는 상품을 구매하지 않아 거래 자체가 발생하지 않는다. 때문에 이 경우 판매자나 구매자 양쪽 모두 아무런 가치를 얻지 못한다.

　『경쟁적 전략(Competitive Strategy)』의 저자 마이클 포터(Michael Porter)는 기업이 저가 생산이나 제품 차별화를 통해 가격 프리미엄에 따른 우위를 얻도록 노력해야 한다고 했다. CPV 트라이앵글은 우리가 이런 접근 방법을 효과적으로 응용하는 데 큰 도움을 준다.

비용을 줄임으로써 우위를 점하는 생산자는 불필요한 낭비를 줄이는 데 주력한다. 이것은 각각의 활동, 프로세스, 노동력, 자원, 제품과 자산의 수익률을 측정하거나 벤치마킹을 통해 이룰 수 있다.

제품 차별화는 고객이 현재 원하는 것이 무엇이고 그들이 미래에 필요로 하는 것이 무엇인지를 예측함으로써 가능하다. 이를 바탕으로 생산자는 경쟁자보다 높은 가치의 제품과 서비스를 개발하기 위해 혁신을 끊임없이 단행해야 한다. 결과적으로 고객을 위해 더 나은 가치를 창조하는 것은 구매자와 판매자 모두에게 더 나은 결과를 가져다준다. 또한 기업은, 고객이 그들의 주관적 가치에 따라 제품의 가치를 판단할 것이라는 사실을 명심해야 할 것이다.

제품 차별화에 주력하는 기업은 제품 자체가 경쟁력이기 때문에 다른 경쟁자들이나 가격에 의한 영향을 비교적 덜 받게 된다. 대신 고객들이 차별화된 제품으로부터 얻는 부가가치에 대해 얼마만큼의 프리미엄을 지불할 것인가에 의해 더 큰 영향을 받는다. 일반적으로 사업가는 이미 결정된 가격을 받아들이기보다는 스스로 가격을 만들어 나가야 한다. 이것은 다시 누구도 따라 할 수 없는 자신만의 특별한 가치창조 방법을 발견함으로써 이룰 수 있다. 혁신 주도자는 항상 더 나은 가치창조 방법을 발견하고자 노력한다. 이를 위해 공급자는 혁신 주도자가 지속적으로 혁신할 수 있도록 인센티브를 제공한다.

# 한계분석

한계분석은 변화에 따른 비용과 이익을 측정하는 활동을 포함한다. 한계분석은 평균이나 전반적인 변화가 아닌 특정 변동사항에 따른 비용과 이익의 변화를 다룬다. 다시 말해 한계분석을 기업에 적용시키는 경우, 제품 한 개를 추가 생산했을 때, 공장한 곳을 추가로 지었을 때, 또는 특정 투자가 이루어졌을 때 추가적으로 발생하는 수익성에 대한 분석이다.

본격적인 한계분석을 하기에 앞서서 우리는 먼저 현재 상황을 최적화해야 한다. 예를 들어 효율성을 향상시키기 위한 투자에 따른 수익성을 예상하기 전에 먼저 현존하는 불필요한 낭비를 줄여야 할 것이다. 사업의 확장을 고려하고 있다면 이미 충분한 인력을 보유하고 있다는 생각에 더 이상의 추가 고용이 필요치 않다는 섣부른 판단을 내려서도 안 된다. 일반적으로 사업 확장 시 추가 인력이 필요해지기 때문에 미리 충분한 인력을 확보해 놓아야 한다.

대부분의 결정 또한 한계분석에 바탕을 두고 이루어져야 한다. 이때 꼭 필요한 것은 비용과 이익 관계에 대한 깊은 이해다. 한계의 범위를 정확히 파악해야만 올바른 의사 결정을 내릴 수 있다. 이에 따라 기업은 비로소 지속적으로 수익을 창출할 수 있을 뿐 아니라 불필요한 낭비도 줄일 수 있을 것이다.

## 벤치마킹

불필요한 낭비를 줄이는 또 한 가지 방법은 바로 벤치마킹이다. 벤치마킹이란 스스로를 향상시킬 수 있는 뛰어난 경영방식이나 생산방법 등을 찾아내고 이해하여 이를 성공적으로 응용하는 과정이다. 벤치마킹은 여러 가지 방법으로 실행될 수 있다. 우리는 기업 내의 일인자로부터 배우고내부적 벤치마킹, 해당 산업분야의 일인자로부터 배우며경쟁적 벤치마킹, 세계적인 일인자로부터 배운다세계적 벤치마킹. 이처럼 해당 분야 최고 기업의 정비, 세일즈, 운영, IT, 회계 등의 특정 분야에 대한 행동평가를 통해 어떻게 최고의 결과를 달성할 것인가에 대한 명쾌한 해답을 얻을 수 있다.

효과적인 벤치마킹을 위해서는 객관성을 갖춰야 한다. 다시 말해 정직과 지적 성실함이 바탕이 되어야 한다. 때로는 이러한 객관성을 유지하는 것이 쉽지 않을 수도 있다. 하지만 이상과 실제 수행능력의 차이를 인정하고 이해하며, 이러한 차이를 줄이기 위한 효과적인 방법이 무엇인지 이해하는 것은 더없이 중요한 일이다.

사우스웨스트 항공이 연료 재충전, 승객들의 탑승 시간, 수하물의 탑재 시간 등을 줄이려는 시도를 감행했을 때 그들은 다른 항공사의 사례를 조사하는 대신 엉뚱하게도 내스카NASCAR : National Association for Stock Car Auto Racing 미국 개조 자동차 경기 연맹의 정비팀과 운전자들에 대한 사례를 조사했다. 그것은 벤치마킹의 대상을 잘못 파악했기에 실패할 수밖에 없었다. 한편 오늘날 다른 항공사들은 사우스웨스트 항공의 사례를 실패의 벤치마킹으로 삼아 똑같은 실수를 하지 않도록 사전에 방지한다. 효과적인 벤치마킹을 위해서는 회사 내부와 외부적인 조사는 물론이고 해당 분야 전체를 살피는 조사가 필요하다.

## 기회비용

수익률 측정과 벤치마킹도 매우 중요하지만 이 두 가지만으로도 부족하다. 우리는 한정된 시간과 자원 속에 살고 있기 때문에 한 가지 활동을 선택하는 것은 자연적으로 다른 활동을 포기해야 하는 것을 의미한다. 로버트 프로스트Robert Frost는 유명한 그의 시詩 〈가지 않은 길The Road Not Taken〉에서 이러한 개념을 설명한 바 있다. 갈림길에서 프로스트는 둘 중에 하나의 길을 선택할 때, 한

쪽 길을 선택함으로써 포기하는 가치는 또 다른 길과 같다고 표현했다.

모든 활동의 진정한 비용은 그 활동을 함으로써 포기한 다른 활동의 가치이며, 이를 가리켜 기회비용이라고 한다. 더 나은 대안이 있는데도 불구하고 기존 활동을 계속해 나간다면 이것은 분명 낭비일 것이다. 이런 점에서 볼 때, 수익은 의외로 기존의 수익창출 활동을 축소함으로써 증가시킬 수 있다. 이것은 다시 말해 더 높은 수익창출을 불러올 수 있는 기회를 포착하기 위해서는 기존의 수익창출 활동을 과감히 포기할 수 있는 용기가 필요하다는 뜻이기도 하다. 따라서 기업은 항상 모든 기회나 대안을 적극적으로 찾음으로써 조금이라도 더 높은 수익을 얻을 수 있거나 낭비를 최대한 줄일 수 있는 방법을 배워야 한다. 낭비는 수익률 정도에 따라 그 우선순위를 달리하고, 위험과 시간에 따라 조정될 수 있다. 전설적인 농구 감독 존 우든John Wooden은 기회비용에 바탕을 둔 의사결정에 대해 이렇게 진술했다. "자신이 이미 이룩한 성과를 바탕으로 자신을 평가하기보다는 자신의 능력으로 달성할 수 있었던 성과를 기준 삼아 자신을 평가하라."

모든 자원자산이나 원자재뿐이 아닌 재능까지 포함한다은 여러 가지 방법으로 쓰일 수 있다. 기업은 이런 여러 가지 방법 중 항상 최고의 가치를 창조해낼 수 있는 방법을 선택해야 한다. 아이오와 주 카운

슬블러프스에 위치한 코크 자재사 소유인 아스팔트 생산 공장에서 일하는 한 판매 사원은 어느 날 새로운 카지노를 짓고자 적당한 부지를 찾고 있는 회사에 관한 기사를 읽게 된다. 당시 아스팔트 공장은 지속적인 수익률을 달성하고 있었음에도 불구하고 그는 "만약 카지노가 우리 공장 자리에 들어서게 된다면 지금 아스팔트 공장이 창출하는 수익보다 더 높은 수익을 창출할 수 있을까?"라는 의문을 제기했다. 여러 가지 분석을 통해 얻은 결론은, 코크 자재사는 공장 부지를 아스팔트 공장 부지로 남겨 놓는 것보다는 이 부지에 카지노를 짓는 것이 더 낫다는 것이었다. 이에 따라 결국 오늘날 예전에 아스팔트 공장이 있던 자리에는 아메리스타 카지노 호텔이 들어섰고, 아스팔트 공장은 다시 다른 위치로 옮겨 갔다.

## 이익센터

특정 사업이 이익센터Profit Center: 비용센터(Cost Center)와 반대되는 개념으로 기업 내에서 이익을 창출하는 부서나 팀-역주로 분류되어 조직될 때 비로소 언제 어떻게 가치창조를 할 것인지를 가장 효과적으로 판단할 수 있다. 이익센터는 식별이 가능한 상품, 시장가격, 고객, 공급자와 재무제표가 제공되는 자산이 존재하는 곳 어디에서나 언제든 조직될 수 있다. 특히 이때 재무제표는 경제적 현실을 반영해야 한다.[7] 아울러 이익과 손해가 측정될 수 있는 어느 곳에서든 그 원인을 밝혀내는 분석은 필수적이라는 사실을 명심하도록 한다.

이익센터가 될 만한 분야를 찾아내고 이를 효과적으로 조직하는 것은 실질적인 비교우위를 점하는 것이나 마찬가지다. 원칙적으로는 각각의 생산공장이 모두 이익센터가 되어야 하고, 각 공장이 생산하는 각각의 제품에 대한 수익성 또한 조사해야 한다. 또한 기업이 상품과 서비스를 외부 고객에게 제공할 때 가격은 경제적 현실을 반영한 것이어야 하며, 상품을 내부적으로 거래할 때 가격은 시장 대안을 반영한 것이어야 한다. 이렇게 함으로써 가격은 부분적이 아닌 전체적인 수량의 가중 평균치 시장 가격을 나타내는 것이다.

잘못된 수익지표는 잘못된 사업결정을 내리게 할 수 있으므로 상당히 위험하다. 이러한 잘못된 수익지표들이 어려움을 겪고 있는 사업이나 공장을 지원하기 위해 쓰였을 때 그 피해가 특히 더 심각해진다. 예컨대 만약 운영 면에서 더 이상 수익성이 기대되지 않는다면 이것이 다른 사업에 미치는 영향을 고려해서 문을 닫거나 제3자에게 매각되어야 할 것이다.

내부 시장의 목적은 내부적 신호를 제공하여 의사결정이 정보를 바탕으로 이루어지도록 하는 데 있다. 이러한 내부적 구매경험을 바탕으로 기업은 외부적 구매활동을 효과적으로 진행시킬 수 있게 된다. 그리고 올바른 내부시장은 지식을 생산하고 의사결정을 이끌며, 소유권과 책임을 강화할 뿐만 아니라 기업가 정신을 조장하며 불필요한 낭비를 줄이는 데 큰 도움을 준다.

이익센터는 외부고객을 위한 제품의 생산, 판매, 운반을 위해 반드시 필요한 활동뿐 아니라 회계나 신용 서비스와 같은 지원활동도 포함한다. 한편 감사나 감독이 없는 이러한 지원활동은 수익창출에 대한 공헌보다는 그들의 서비스 능력 자체를 극대화하려는 경향이 있다. 이 문제를 해결하기 위해서는 회계나 신용 서비스를 독립적으로 두지 말고 관련 사업 아래 귀속시킴으로써 통제하는 것이 효과적이다.

이익센터의 전반적인 경제적 수행능력을 평가하는 것은 매우 간단명료하다. 한편 그 성과가 몇 년 후에나 나타날 내부 기능, 프로세스, 지원 서비스와 프로젝트 등의 수익률을 측정하는 것은 훨씬 힘들고 복잡한 일일 것이다. 이러한 어려움에도 불구하고 벤치마킹 등을 통해 수익성을 예상하는 것은 매우 중요한 일이다. 아웃소싱의 수익률은 내부적으로 일을 수행했거나 다른 업체에게 같은 일을 맡겼을 때 들어가는 비용과 비교하여 측정되어야 할 것이다. 각 직원들의 수익률 또한 예상되어야 한다. 이것은 수치적인 통계와 개개인의 기여도<sup>긍정적이든 부정적이든</sup> 측정, 연말에 작성되는 다면 평가보고 등에 의해 이루어진다. 아울러 이러한 평가는 개개인의 수행능력을 가장 가까이에서 관찰한 상사, 동료, 부하 직원들에 의해 이루어진다.

## 자유로운 발언

지식은 단순한 숫자나 측정 방법 그 이상의 의미를 갖는다. 자유사회에서 지식은 정보교환을 통해 창조되고 분배된다.[8] 자유와 번영을 가치 있게 여기는 사회는 지식의 발견과 보급을 한층 더 촉진시키는 시민의 자유 발언권을 보호한다. 그리고 지식은 과학이 지배하는 사회에서 학자들이 서로의 아이디어와 발견한 사실들을 공유하고 토론하며 이의를 제기함으로써 창조된다. 마이클 폴라니는 이러한 과정을 '과학 공화국'이라고 묘사했다.

끊임없이 아이디어나 계획을 탐구하고 공유하며, 이에 대해 토론하며 시험하는 것은 기업 내부적으로도 매우 중요하다. 우리 중 아무도 지속적으로 최상의 결정과 발견을 위해 필요한 모든 지식을 소유하고 있지 않기 때문이다. 지식은 여러 종류가 있고, 여러 방향으로 분산되어 있는 것이 특징이다. 따라서 중요

# 과학 공화국

만약 과학자들이 자신만의 세계에 갇혀 스스로의 지식과 아이디어에만 의존한 채 연구를 한다고 상상해 보자. 다른 과학자들의 발명과 아이디어에 대한 접근 없이 진행되는 과학적 발전은 많은 실수와 낭비가 뒤따르며, 그 속도 또한 매우 느릴 것이다. 반면에 과학자들이 다른 과학자들의 현재 동향을 잘 살피고 탐구하고자 하는 연구 과제를 스스로 선택할 수 있게 된다면 그들은 이로부터 배우고, 그들의 노력도 이를 중심으로 맞춰질 것이다. 마이클 폴라니는 이것을 보고 "상호 조정을 통한 독립적 시도들의 화합"이라고 설명하고, 이를 가리켜 '과학 공화국'이라고 했다.[9]

여러 가지 시도는 자기 협력을 통해 조정되고, 이에 따라 "그것을 초래한 어느 누구에 의해서도 미리 계획되거나 예측되지 않은" 공동의 결과가 달성된다. 또한 과학분야는 끊임없이 혁신한다. 왜냐하면 "과학분야는 새로운 발명과 더불어 이에 대한 이의 제기도 항상 동시에 이루어지기 때문이다."

폴라니는 애덤 스미스와 F. A. 하이에크가 주장한 '상호 자기 조정'이라는 시장 모델이 좀 더 일반적인 이론인 '과학 공화국'의 특별한 경우라고 주장했다. 시장경제는 억압과 자유라는 두 가지 요소를 모두 가지고 있다. 시장경제는 이익창출이 오직 진정한 가치창조를 통해 이루어질 수 있도록 제한하지만, 이러한 가치를 창조하는 방법에 대해서는 자유를 보장한다.

기업가 정신이 뛰어난 사업가들이라도 시장의 제약으로부터 완전히 자유로울 수 없는 것처럼 과학자들 또한 과학 세계가 미리 정해놓은 기준이나 규범으로부터 완전히 자유로울 수는 없다. 지식은 개인적 시도들이 증거나 비판을 통해 얻는 새로운 발견을 바탕으로 발전해 나간다. 이러한 도전 프로세스는 새로운 발명이 실용화되기 전 조금이라도 더 나은 발전이 있을 수 있다면 이것이 추가적으로 적용될 수 있도록 돕는다.

"과학 공화국은 아직 알지 못하는 미래를 향해 나아가는 탐험가들의 집합체다.", "또한 항상 역동적이며 상호 승인 절차에 따라 제약을 받기도, 동기부여가 되기도 한다.", "스스로 독창성을 키움으로써 전체적으로는 지속적인 자기 재생과 존재에 대한 힘을 키운다."

한 결정을 내릴 때 우리는 이에 꼭 필요한 적당한 지식의 종류를 선택하는 과정을 거쳐야 한다. 예컨대 기업 내에서 존경과 신뢰를 중시하는 문화가 강조될 때 직원들은 그들의 아이디어를 서로 공유하고, 문제해결을 위해 가장 적합한 지식을 찾기 위해 노력한다. 이러한 정보교환은 새로운 발견을 가능케 하고, 더 효과적인 가치창조 방법을 모색하는 데 큰 도움을 준다. 한 가지 주의할 사항은 이러한 교환활동이 지나친 제약이나 절차, 계급에 의해 저해될 때는 지식공유 또한 그만큼 더 어려워진다는 것이다.

코크 인더스트리즈에서 진실이란 상관이 진실이라고 해서가 아닌 시장중심 경영 지도원칙의 제1 요소인 '정직'에 상응하는 결과를 얻는 것이자 비판과 증거에 의해 얻은 결과를 인정하는 것이다.

이러한 프로세스는 우리가 얼마나 자유롭게 사실에 근거한 객관적인 토론에 참여하느냐, 현 상태에 안주하지 않고 지속적으로 도전하느냐, 그리고 자신의 신념, 계획과 활동에 대한 어떠한 도전도 겸허히 받아들일 것인가에 따라 성패가 결정될 것이다. 이것은 도전을 받아들이는 쪽은 물론이거니와 도전을 시도하는 쪽에도 적용된다. 도전을 시도하는 사람들은 "이곳에서 발명되지 않았다."는 이유만으로 어떤 것에 대해 무조건 반대하기보다는 건설적인 개선 정신 아래 지적 정직성을 갖고 동참해야 한다.

### 리처드 웨이틀리의 진실

철학자이자 경제학자인 리처드 웨이틀리(Richard Whately)는 일전에 "진실은 우리 쪽의 진실을 추구하고자 하는 것이자 진실의 편에 서기를 간절히 바라는 것이다."라고 언급한 바 있다.[10]

가치창조를 위해서는 무조건적인 반대가 아닌 타당한 이유를 바탕으로 한 구조적 반대가 필요한데, 이를 가리켜 도전 프로세스라 한다. 한 기업이 건설적인 도전정신이 결여된 기업문화 안에 갇혀 자신의 일에만 몰두하는 직원들로만 구성되어 있다면 그 기업은 머지않아 다른 경쟁자에게 그 자리를 내주게 될 것이다. 또한 오직 긍정적인 소식들만 다룬다거나, 사실은 그렇지 않으나 일부러 동의하는 척만 한다면 진정한 의미의 지식창출은 더욱 감소할 것이고, 이에 따라 새로운 발견도 감소하게 될 것이다.

도전 프로세스의 효율성을 높이기 위해서는 각기 다른 관점을 가진 사람들의 참여와 다양한 종류의 지식과 전문성을 포함하여야 한다.

도전 프로세스를 이끄는 가장 효과적인 방법은 바로 브레인스토밍이다. 브레인스토밍을 시행할 때는 경영진, 세일즈, 운영, 공급, 기술, 사업 개발, 공공 부문 등의 각 주요 부서의 대표자들이 모여 최대한 토론의 가치를 높일 수 있도록 해야 한다. 그리고 이러한 내부 인사뿐 아니라 외부 인사라도 그들이 상대적으로 더 나은 지식이나 배울 만한 점을 갖추고 있다면 이들 또한 브레인스토밍 과정에 포함시키는 것이 마땅하다.

도전 프로세스의 또 다른 형식으로는 준수 감사라는 것이 있다. 어떤 이들은 이것에 대한 적대의식을 갖고 있다. 왜냐하면 그들은 감사를 당한다는 사실 자체만으로도 위기의식을 느끼거나, 자신들의 신뢰성을 의심받는다고 여기기 때문이다. 하지만 실제로 감사라는 것은 새로운 것을 배우고 이에 따라 전보다 발전할 수 있는 좋은 계기로 여겨져야 할 것이다. 감사 과정 없이 일이 더 커져서 나중에 곤란을 겪게 되는 것보다는 감사를 통해 문제가 있다면 조금이라도 일찍 이에 대해 대처할 기회를 갖는 것이 더 낫지 않은가.

이렇게 내부적으로 창조적 파괴 과정을 진행시키기 위해서는 모든 것이 제자리에 머물러서는 안 되고, 항상 도전을 향해 나아가야 한다. 아울러 우리 개개인은 새로운 도전을 언제든 받아들일 준비가 되어 있어야 하고, 변화를 추구하는 열린 환경을 조성하는 데 앞장서야 할 것이다. 만약 자신의 견해에 아무도 이의제기를 하지 않거나, 자신 또한 다른 사람의 견해에 대해 전혀 이의제기를 하지 않는다면 발전을 기대하기 어렵다. 즉, 서로에 대한 건설적인 반대가 없다는 것은 기업가 정신의 결여의 문제일 수도 있고, 기업문화나 인센티브와 관련한 문제일 가능성도 있다. 이러한 문제가 존재한다면 더 이상 기업을 위험으로 몰고 가지 않도록 이에 대한 적절한 조치가 취해져야 할 것이다. 이를 위해서는 적극적으로 지식을 탐구하고 대안을 모색해야 한다. 또한 자신의 지식이나 의견을 다른 사람들과 공유함으로써 모두가 이로부터 이익을 얻을 수 있어야 할 것이다. 나아가 이러한 도전 프로세스의 모든 참여자들이 시장중심 경영 지도원칙을 따르고 가치창조를 위해 모두가 힘을 합친다면 그 결과는 매우 긍정적일 것이다.

의사결정은 직감이나 감정에 의존하기보다는 경제적 논리, 비판적 사고, 뚜렷한 근거를 바탕으로 이루어져야 한다. 우리는 우리가 추구하는 정신 모델에 대해 정확히 이해하고 있어야 하고, 이를 다른 사람에게 정확히 전달할 수 있어야 한다. 이 과정에서는 아인슈타인이 말한 것처럼 "모든 것은 더 이상 단순화할 수 없을 때까지 단순화"[11]함으로써 불필요한 복잡성을 피해야 한다. 아무리 우수하고 정교한 정신 모델이라 할지라도 수익창출이라는 결과를 낳지 못하는 정신 모델은 아무런 가치가 없다. 겉모습보다는 항상 실리가 중요한 법이니까 말이다.

시장경제는 사람들이 무엇을 가치 있게 여기고 이러한 가치를 어떻게 충족시킬 것인지를 매우 효과적으로 파악할 수 있게 해준다. 그리고 기업 내에서의 시장상황에 근거한 지식 프로세스는 시장의 유용한 지식 생산능력을 높인다.

기업과 고객을 위한 보다 빠르고 저렴한 가치창출의 방법은 항상 존재하기 마련이다. 가치창조는 우수한 경제적 사고, 수익성 측정, 지식의 탐구와 공유, 도전 프로세스의 이해와 이미 그 우수성이 입증된 방법과 정신 모델들을 알맞게 사용하는 능력을 필요로 한다. 이 모든 것이 더 나은 지식 프로세스를 위한 필수 요소들이다.

"시장은 누가 어떤 것을 소유하고 누가 어떤 일을 할 것인지를
스스로 결정한다. 하지만 이것은 하루아침에 결정되는 것이 아니며
매일 달라질 수 있다. 그리고 이와 같은 선택 프로세스는
절대 멈추지 않는다."

루트비히 폰 미제스(Ludwig von Mises)[1]

# THE SCIENCE
# OF SUCCESS

# CHAPTER 6
# 결정권
## DECISION RIGHTS

"시장경제에서 모든 소유주는 서비스를 통해 끊임없이 자기 소유물에 대한 소유권을 정당화해야 한다. 그렇지 않을 경우, 소비자들은 점차 자신들의 소유물을 좀 더 생산적이고 믿을 만한 존재에게 귀속시키려 할 것이다." - 폴 L. 포와로(Paul L. Poirot)[2]

"시장은 긍정적인 소유권에 의해 지지를 받을 때 비로소 이익을 최대화할 수 있다."
- 버논 스미스(Vernon Smith)[3]

**CHAPTER 6**
결정권

사유재산은 시장경제와 번영을 위한 필수 요소다. 사유재산 없이는 시장경제가 존재할 수 없으며, 사유재산권이 인정되지 않는 사회는 번영을 누릴 수 없다. 그리고 욕구를 충족시키기 위한 지속적인 혁신을 유지하려면 확실한 사유재산권 보장이 뒷받침되어야 한다. 사유재산권을 바탕으로 한 시장체계 없이는 자원의 효율적인 분배 또한 어려워질 것이다. 시장가격으로부터 얻을 수 있는 정보가 결여되기 때문이다. 이러한 시장가격은 사유재산 소유자들에 의한 자발적인 교환에 의해 결정된다. 가격과 그에 따른 손익은 기업가들이 소비자들의 욕구를 효과적으로 충족시키기 위한 중요한 지표가 되기도 한다. 아울러 이러한 시스템은 기업가들이 중앙 정부가 할 수 없는 지식과 인센티브를 통한 효과적인 자원 분배를 할 수 있도록 돕는다.

# 재산권

사유재산권을 확실히 인정하고 보호하는 국가에서는 대부분 활발한 투자활동을 쉽게 찾아볼 수 있으며, 이에 따라 빠른 성장 속도를 보이는 경향이 있다. 반면 사유재산권을 인정하지 않고 이를 저해하는 국가들은 발전하지 못한 채 그 자리에 머무르거나 경제적으로 후퇴하고 만다. 그들은 또한 경제성장의 원동력이 될 수 있는 개인들의 참여를 저지하기도 한다.

사유재산권이 인정되지 않거나 부정적으로 인식될 때도 문제가 발생한다. 예를 들어 사람들이 스스로 창조해 내는 가치들로부터 이익을 얻지 못한다든가, 또는 스스로 발생시키는 비용을 부담하지 않아도 되는 경우가 이에 해당한다. 이럴 경우 사람들은 자원을 이용한 사회적 가치창조에 게을러지고, 오직 자신의 이익만을 추구하는 활동에만 집착하게 된다. 또한 손해에 따른 비용을 부담하지 않아도 된다면 자연히 이러한 손해를 방지하기 위한 노력도 덜 하게 되기 마련이다.

개인이 소유하는 것이 아니면 그것을 지키기 위한 노력도 그만큼 덜 하게 되는 인간의 이기심 때문에 공동에 의해 유지되고 통제되는 수질, 공기, 도로, 정치 통일체와 같은 부문에서 흔히 문제가 발생한다. 이렇게 공동의 책임에 의해 통제되는 부문에서는 "공유지의 비극" 현상이 발생하게 되는데, 이러한 문제는 사유재산제도의 긍정적 측면을 강조한 시스템의 적용을 통해 해결할 수 있다.

### 공유지의 비극

개릿 하딘(Garrett Hardin)은 공동 목초지에서 젖소를 방목하는 목동의 이야기를 예로 들어 "공유지의 비극"이라는 용어를 소개했다.[4] 목초지를 가장 효율적으로 사용하는 방법은 농부 한 사람당 젖소 한 마리만을 방목하는 것이다. 하지만 어느 날 목동들은 스스로에게 "내가 가진 젖소 중 한 마리를 더 공동 목초지에 내보내면 나에게 돌아오는 이익은 얼마만큼 더 많아질까?"라는 질문을 하기 시작한다. 이익을 추구하는 이성적인 목동이라면 당연히 최대한 많은 젖소를 공동 목초지에서 방목하고자 할 것이다. 공동 목초지에 더 많은 젖소를 방목함으로써 얻게 되는 이익은 모두 자신에게 돌아오지만, 그에 따른 비용이나 목초 고갈에 대해서는 거의 책임을 지지 않아도 되기 때문이다. 하딘은 이에 대해 "실제 사회가 보유한 자원은 한정되어 있기에 사회는 공동 목초지에 내보내는 젖소의 수를 무단으로 늘리는 것과 같은 부정행위를 미연에 방지하기 위한 시스템을 마련한다. 이러한 시스템은 사회 구성원들이 마음대로 자원을 쓸 수 없도록 제약하는 역할을 하고, 이로써 사회는 공공의 자유가 일으키는 문제를 어느 정도 막을 수 있다."라고 말했다.

사람들은 대개 자기 소유의 물건을 더 소중히 다룬다. 자신이 소유한 자원으로부터 이익을 보기 때문이기도 하지만, 이에 따른 비용도 자신이 부담해야 하기 때문이다. 반대로 소유권이 불확실해서 자원이 아무에게도 소속되어 있지 않거나 공동 소유 상태여서 자원절약이 아무에게도 특별한 이익을 가져다주지 않을 때, 자원은 남용되고 비효율적으로 사용되어 결국 고갈하기에 이른다.

또 다른 예로 바다에서는 이러한 소유권의 결여로 인해 무자비한 어획활동이 빈번히 발생하기도 한다. 바다에서의 공유지의 비극은 오로지 어획량만이 어부들의 이익과 직결된다는 점에서 발생한다. 다른 어부를 위해 어획량을 줄인다고 해서 자신에게 이익이 돌아오는 것도 아니니까 말이다. 물론 어획량이 많을수록 이익은 증가하지만, 무자비한 어획활동으로 인한 수산자원의 고갈에 따른 비용은 결국 모든 어부들이 공동으로 분담하게 된다.

공유지의 비극과 같은 문제를 해결하기 위해서는 이익을 공유하는 것에만 그칠 것이 아니라, 이익에 따른 비용에 대한 책임을 지도록 해야 한다. 그래야만 비로소 확실한 재산권 보장이 사유재산 보유에 따른 이익으로 연결될 수 있을 것이다. 이것은 사회에서 뿐만 아니라 기업에서도 마찬가지로 적용된다.

시장경제에서 상품의 소유주와 소비자는 밀접한 관계를 가진다. 소유주들이 소비자들을 만족시켰을 때는 이에 대한 보상을 해주지만, 그렇지 못했을 때 소비자들은 소유주들을 거부한다.

그러므로 소유주가 소비자의 욕구를 만족시켰을 때 소유주의 재산권은 더욱 강한 힘을 갖는다. 그렇지 않은 경우, 재산권은 반대로 힘을 잃는다. 재산권은 소비자의 욕구충족을 위해 자원을 가장 잘 이용하는 사람들에 의해 얻어지기 때문이다.

오늘날 사유재산의 개념은 점차 시장이 발달하면서 점점 더 세분화되는 경향을 보인다. 사유재산권이 여러 개의 작은 단위로 분류되면서 임차, 공동 소유 지분, 채무, 주식 담보, 지적 소유물, 계약 권한, 옵션 등의 새로운 재산권의 형태가 등장하기 시작했다. 그리고 이러한 재산권의 세분화는 노동력 배치의 전문화와 마찬가지로 부가가치 창출의 효과를 가져왔다.

코크 인더스트리즈에서는 일찍이 사회가 경험했던 사유재산권 인정에 의한 긍정적인 효과를 재연하기 위한 수단으로 '결정권'을 채택했다. 결정권은 기업 내에서의 재산권이라고 보면 된다. 우리는 모든 직원들에게 그들의 역할과 그에 따른 책임·기대·권한 등을 확실히 이해시킴으로서 결정권을 부여한다.

확실한 결정권은 직원들이 가치창조 과정에서 기업의 자원을 알맞게 분배하고 소비하며 절약할 수 있게 한다. 또한 직원들이 각자의 역할과 그에 따른 책임을 정확히 파악할 수 있게 돕는다. 때문에 시간이 지남에 따라 지속적으로 올바른 결정을 내리는 사람들의 결정권은 그렇지 못한 사람들에 비해 더욱 강력해지게 마련이다.

결정권은 직원의 '입증된' 비교우위에 따라 크게 달라진다. 어느 직원이 다른 직원보다 더 적은 기회비용으로 더 효과적으로 같은 업무를 수행해낼 수 있다면 우리는 그 직원이 다른 직원에 비해 특정 업무에 대한 비교우위를 점한다고 할 수 있다. 그렇다면 '입증된' 비교우위란 무엇을 뜻할까? '입증된' 비교우위란 한마디로 자신이 속한 분야의 전문적 지식을 뜻한다. 예를 들어 잘 나가는 영업사원이 있다고 가정해 보자. 이 직원이 판매분석 분야에서도 우수한 능력을 보인다고 하더라도 그의 입증된 비교우위는 판매분석이 아닌 판매수완이다. 왜냐하면 영업사원의 전문 분야는 판매분석이 아닌 판매 그 자체이기 때문이다. 기업이 이러한 '입증된' 비교우위의 반영을 요구함으로써 판매 분석가는 실제로 그의 판매분석 능력이 영업사원보다 다소 떨어진다 하더라도 판매분석 분야에서 비교우위를 점할 수 있게 되는 것이다. 결국 자신이 보유한 비교우위를 항상 염두에 두고 지속적으로 좋은 결정을 내리는 직원은 차츰 결정권을 강화해 나갈 것이다.

보통 최고의 지식 소유자가 최선의 결정을 한다고들 한다. 일반적으로 이 말은 맞는 말일 것이다. 하지만 엄밀히 말하자면 비교우위를 점한 사람이 최선의 결정을 내린다는 말이 더 옳을 것이다.

모든 사람들은 저마다 본인만의 독특한 재능을 갖는다. 또한 각자의 재능은 다른 사람의 재능보다 더 열등하거나 월등하지 않고 모두 똑같이 소중하다. 우리 모두는 저마다 비교우위를 발휘하여 사회나 기업을 위해 공헌을 할 잠재력을 갖는다. 개개인의 기여도는 해당 인물이 보유한 가치, 재능, 지식, 노력과 경험에 따라 달라진다. 한편 각자의 비교우위는 기업의 생산성을 향상시키는 분업과 역할의 전문화를 불러왔다.

가치관, 지식, 기술이나 환경적인 면에서 완벽히 같은 사람은 있을 수 없다. 때문에 기업 내에서 비슷한 역할을 수행하는 직원이라 할지라도 각 직원이 갖는 결정권은 그 종류와 영향력에 큰

## 분업

인간의 풍요로운 삶을 이끄는 기본적인 요소는 '분업과 이에 따른 협동'이다. 전문화와 교환은 고립된 채로 자급자족하는 개인보다 더 효과적으로 인류의 욕구를 충족시킨다.

분업의 효과는 인간과 자연의 다양성에서부터 나타난다. 그리고 전문화와 상호교환은 기술, 지식, 문화, 인프라, 지리, 천연자원, 토지와 기후의 차이에서 비롯된다. 때문에 만약 모든 사람과 사물이 모든 면에서 같다면 분업으로부터 얻는 이익은 그만큼 감소할 것이다.

차이가 있다. 또한 이러한 결정권은 한번 정해지면 그대로 있는 것이 아니라 시간이 지남에 따라 사업과 비교우위, 결정 능력의 변화에 따라 지속적으로 바뀐다. 즉, 이러한 모든 것을 감안했을 때 결정권을 결정하는 과정은 가치, 지식, 동기, 증명된 능력과 기회비용 등의 모든 것을 고려해야 하는 역동적인 프로세스라고 할 수 있다.

## 역할, 책임, 그리고 기대

우리는 역할, 책임, 기대RR&E : Roles, Responsibilities and Expectations를 각자의 의무와 책임을 정의하기 위해 사용한다. 주어진 역할에 대해서는 특정한 책임과 기대가 항상 뒤따르기 마련이다. 또한 특정한 결정에 따른 결과를 감수할 때 한 사람이 이에 따른 책임이 있다고 말할 수 있다. 실제 결정권을 갖고 있든, 아니면 다른 사람을 대신해 결정권을 행사하든 모든 이들은 자신이 한 결정에 대해 책임을 진다. 확실한 재산권의 보장과 알맞은 책임부여와 권한위임은 직원들의 보다 적극적인 참여를 이끌어낼 수 있는 열쇠다.

역할, 책임, 기대를 올바르게 정의하기 위해서는 직원들과 감독관 사이의 지속적인 대화가 필요하다. 각각의 직원들은 그들의 역할, 책임, 기대가 현실을 잘 반영하여 효과적으로 적용되도록 해야 한다. 직원과 감독관 모두 역할, 책임, 기대가 기업이나 팀의 비전을 발전시키는 데에 최대한 기여하도록 할 의무가 있다. 감독관들은 직원들에게 현실을 반영한 피드백을 자주 제공해야 하고, 수행 평가서 등을 통해 그들의 실제 수행능력이 기대치와 비교했을 때 어떻게 향상되고 있는지를 이해시킬 필요가 있다. 아울러 각 직원들에 대한 역할, 책임, 기대를 다루는 데 모두 같은 방식으로 해결하면 안 된다는 사실을 명심해야 한다. 모두를 똑같은 방식으로 대하는 이런 접근방식은 역할, 책임, 기대를 무의미하게 만들 뿐만 아니라 직원들의 가치창조에도 부정적인 영향을 끼치기 때문이다. 역할, 책임, 기대는 일반적으로 직무와 의무에 대한 기본적인 사항이 제시되어 있는 직무 기술서와 혼동되어서는 안 된다. 대신에 각 직원들의 역할, 책임, 기대는 가치창조에 초점이 맞추어져 있어야 하고 개인의 비교우위와 기회에 따라 다르게 조정되어야 한다.

역할은 단순한 직책이 아니다. 역할은 특정 직책을 맡음으로써 한 개인이 수행해야 하는 활동들을 말한다. 역할의 수와 종류는 기업에 따라 큰 차이가 있다. 이것은 사업의 특징, 기업의 비전과 전략, 이러한 전략들을 실제로 실행하기 위해 필요한 개인의 비교우위에 따라 결정된다.

많은 사람들이 기업 내에서 동시에 여러 가지 역할을 담당한다. 각각의 역할은 여러 가지 책임과 연결된다. 이러한 책임들은 다시 기업이 책임지고 있는 제품, 서비스, 자산, 프로세스 등을 확실히 하며 책임감의 정도와 특징은 우리의 기대를 통해 더욱 확실해진다.

기대는 기업이 특정한 목표를 이루기 위해 직원이 달성해야 할 결과를 자세히 서술해 놓은 것으로, 언제나 명확하고 구체적이며 때에 따라서는 측정 가능해야 한다. 그리고 결과 자체에 초점이 맞추어져야 한다. 기대는 또한 실제 직원의 행동에도 영향을 줄 수 있고, 그들의 비전을 넓히기 위해 개방적이며 충분히 도전적이어야 한다. 아울러 이러한 기대는 실험과 혁신을 이끈다.

우선순위와 기대에 대한 직원과 감독관 사이의 충분한 이해는 필수적이다. 기대는 그것이 측정 가능할 때 매우 유용하다. 비록 측정이 아무리 주관적이라고 할지라도 말이다. 대개 기대는 개방적일정한 요구사항 없이 최선의 방법으로 결과를 달성할 것을 요구하는 방법이기보다는 폐쇄적일정한 요구사항을 충족시킴으로써 결과를 달성할 것을 요구하는 방법인 경향이 있다. 폐쇄적인 형식의 기대는 혁신을 저해하는 반면 개방적인 기대는 직원들이 생각하고 참여하게 하며, 혁신능력과 가치창조능력을 향상시킨다.

결정권과 권한은 주어진 역할을 수행하는 데 있어 독립적으로 행동할 수 있는 자유를 보장해 준다. 또한 운영비용의 종류나 주요 지출의 종류를 결정하는 것과 같이 제한적 형식을 띠는 게 보통이다. 하지만 때로는 직원 고용이나 해고와 같은 결정에 있어서 상관의 승인 절차 없이 독자적으로 결정을 내릴 수 있는 분리된 권한 또한 결정권이다.

몇몇 결정권은 각기 다른 분야에서 결과를 얻기 위해 직원이 보여주었던 능력을 바탕으로 하여 결정된다. 예를 들어 코크 서플라이 & 트레이딩Koch Supply & Trading의 무역 전략 분석에 뛰어난 능력을 보여주었던 직원에게는 더 나아가 무역 상대를 결정할 수 있는 권한을 부여할 것이다. 또한 이 과정에서 그가 큰 이익을 남길 수 있는 무역 상대를 결정하는 데 탁월한 능력을 보여준다면 장차 그에게 직원 채용이나 해고의 권한까지도 부여하게 될 것이다.


## 원칙적 기업가 정신

기업가적 정신에서 중요한 것은 결정권의 유무가 아니다. 결정권이 없다고 해도 그들은 여전히 가치를 창조해낼 수 있다. 때문에 결정권이 없어 행동을 하지 못한다는 핑계는 받아들여지지 않는다. 시장에서 원칙적 기업가 정신의 소유자들도 항상 도전과 마주하기는 마찬가지다. 하지만 이들이 보통 사람들과 다른 점은 기회를 발견하면 이를 포착해 새로운 사업으로 발전시킨다는 점이다. 원칙적 기업가 정신의 소유자들은 새로운 사업기회를 발견하면 이를 위한 비전을 세우고 자금마련을 위해 직접 나서서 투자자, 채권자, 공급자, 고객들을 설득한다. 그리고 성공적인 기업가라면 자금부족 문제를 겪더라도 이를 해결하려 하지 이 때문에 신념을 굽히지는 않는다.

직원이 혁신과 발전을 위한 좋은 기회를 발견했을 때 그들은 그러한 기회를 포착해 실행으로 옮길 수 있는 권위를 가진 사람을 찾기 시작한다. 우리는 직원들이 지식 공유, 도전 프로세스, 논리, 증거, 의사결정 프레임워크 등을 적절히 이용해 그들의 새로운 아이디어들을 실행에 옮길 수 있는 승낙을 받아내길 기대한다. 직원의 아이디어 제안이 받아들여져서 그것이 성공적으로 수행되면 그의 결정권 또한 상승한다. 다만, 각각의 직원은 제안 사항의 필요성, 책임감, 판단력, 실행 능력, 경제적이며 비판적인 사고와 적절한 모험심을 증명해 보이며 자신이 회사 발전을 위해 크게 공헌할 수 있다는 것을 증명할 수 있어야 한다. 이것이 바로 원칙적 기업가 정신이다.

기업 전반에 걸친 넓은 의미의 가치창조는 다음과 같은 사항을 요구한다.

1. 결정권은 저절로 주어지는 것이 아니라 스스로가 획득하는 것이라는 인식이 확실히 심어져야 한다.
2. 결정권의 결여는 문제해결이나 기회획득을 게을리 하는 것에 대한 핑계 수단이 될 수 없다. 대신 직원들은 문제해결이나 기회획득을 위한 해결 방안을 제안하는 데 노력을 기울여야 한다.


공동으로 책임을 지는 사안이라 하더라도 누군가 한 사람은 총 책임을 져야 한다. 그리고 재산권에 대한 불확실한 정의는 곧바로 '공유지의 비극'을 불러온다. 아울러 모두가 서로에게 책임을 전가하다면 그 결과는 실제로 매우 파괴적일 것이다.

어떤 사람이 특정 사안에 대한 관련이 깊다고 해서 그 사람이 최고의 결정권을 갖는 것은 아니다.

지식에 따른 급격한 변화를 겪는 현대 사회에서 하향식 결정권결정의 우선권이 상관에게 먼저 주어지고 차츰 더 낮은 지위의 사람에게 이전되는 것-역주은 그 비효율성으로 인하여 비판받는다. 실제로 중앙 지배적인 경영 시스템은 과거 중앙 지배적 경제가 겪었던 문제들을 다시 겪게 된다.[6] 부분적 지식은 부분적인 문제를 해결하는 데 있어서는 효과적일 수 있다. 하지만 결정권만은 중앙에서 통제되어야 한다. 부분적인 범위에서 결정된 사항은 향후 전체적인 관점의 결여로 인해 추가적인 문제를 발생시킬 여지가 있기 때문이다.

완벽히 중앙 지배적이든 완벽히 부분적인 결정권이든 이러한 접근방식들의 부주의한 적용은 해답이 아니다. 예를 들어 정제 과정의 효율성 향상을 위한 방법을 결정하는 데 있어서는 현장에서 일하는 사람들이 더 정확한 판단을 할 수 있을 것이다. 반면 굳이 현장에서 일하는 사람이 아니더라도 이와 관련된 해박한 지식을 소유한 사람은 당장은 아니지만 향후 5년간에 걸친 예측 면에서는 좀 더 정확한 판단을 내릴 수 있을 것이다. 이처럼 결정은 최고의 지식과 개인의 비교우위를 고려한 후 내려져야 한다.

개인적 권한은 그야말로 다양하기 때문에 개인적 수행능력 또한 그들이 소유한 가치, 경험, 능력과 기회에 따라 천차만별이다. 한편, 개인적 권한은 경험에 비례하기도 한다. 따라서 신참 직원일수록 그 권한은 약하지만 점차 경험을 쌓아감에 따라 더욱 강력한 권한을 갖게 되는 것이 보통이다. 하지만 그렇다고 해서 자격이나 직책만으로 개인의 의사결정 능력을 판단하는 것은 금물이다. 대신, 자격이나 직책보다는 실제로 좋은 의사 결정을 내렸던 개인적 이력을 통해 직원의 의사결정 능력을 평가해야 하고, 이것은 다시 같은 종류의 의사결정 범위 내에서만 적용되는 사항이라는 사실을 명심해야 할 것이다.

　개인에 따른 올바른 역할, 책임, 기대를 정하고 지속적인 업데이트, 그리고 상부의 지시에 따라 올바르게 행동하는 것 모두가 적절히 수행되었을 때에야 비로소 이익이 발생하게 되는 것이다. 이 프로세스는 보상을 위한 기준을 마련하고 우선순위, 개인 소유권과 결과에 대한 책임을 확립한다. 또한 기업의 여러 멤버들 사이에서의 변화하는 비교우위를 발견하고 인식하게 해주며, 특정 사업에 대한 비전이나 전략과 개개인의 직원들을 연결시키는 필수적 단계라고 할 수 있다. 이 프로세스는 또한 특정 사업군의 목적을 가장 효과적으로 이루기 위한 활동에 초점을 맞추도록 한다. 하지만 무엇보다도 중요한 것은 기업으로서 올바르고 부가가치를 창출할 수 있는 결정을 내릴 수 있는 능력을 지속적으로 향상시킨다는 점이다.

　시장경제에서 확실한 소유권 보장과 올바른 문화, 가격과 손익 등의 지표로부터 얻는 유용한 지식과 인센티브는 그 자체로도 번영과 진보의 가치를 극대화하는 네트워크를 형성한다. 이와 같은 원리로 기업에서는 잘 구성된 결정권 프로세스, 올바른 가치관, 지식 공유, 측정과 인센티브가 가치창조와 성장을 극대화하는 자생적 질서를 만들어낸다.

'경영의 문제'는 "개인의 목표가 기업 전체의 목표와 자연스럽게
통합되도록 하기 위해서 어떤 방법을 통해 사회적 조건을 기업에
알맞게 적용시키느냐"에 관한 것이다. 이에 대한 해답은 "의미 있는 활동,
책임감, 창의력, 공정성, 정당성, 가치 있는 활동과
이를 위한 열정"일 것이다.

에이브러햄 매슬로(Abraham Maslow)[1]

# THE SCIENCE
# OF SUCCESS

# CHAPTER 7
# 인센티브
INCENTIVES

"경제에 대한 기본적 지식이 없는 사람들은 만약 어떤 회사가 백만 달러의 수익을 더
올리려면 단순히 백만 달러만큼의 비용만 더 들이면 된다고 생각하는 오류를 범한다.
뿐만 아니라 효과적인 인센티브 제도 없이는 수익창출을 위해 그보다 더 많은 비용이
필요하다는 사실을 알지 못한다."
- 토머스 소웰[2]

"효과적인 동기부여를 위해서는 임무수행의 중요성을 강조하는 것은 물론이거니와
수행 결과에 따른 적절한 보상과 정보 전달 목적의 피드백도 함께 제공되어야 한다."
- 찰스 머레이[3]

**CHAPTER 7**
인센티브

이익은 기업가들이 위험을 무릅쓰고 서라도 투자활동을 벌이고 사업을 시작하게 하는 강력한 인센티브다. 기존 제품을 보다 적은 비용을 들여 생산하거나, 또는 더 나은 제품을 개발하는 것은 비단 기업가들에게만 좋은 것이 아니라 사회 전체적으로 큰 이익이 되는 일이다.

사회의 번영은 구성원들의 다양한 욕구충족을 위해 좀 더 적은 자원을 들여 더 높은 가치를 지닌 상품과 서비스를 개발함으로써 가능해진다.

코크 인더스트리즈에서는 직원들의 관심사가 사회와 기업이 추구하는 관심사와 일치하도록 하기 위해 인센티브제를 적용한다. 인센티브는 회사를 위해 직원들이 창출해낸 가치의 일부분을 다시 직원들에게 돌려주는 형식이다. 이렇게 함으로써 우리는 우수한 인재를 고용할 수 있고, 이들이 다시 원칙적 기업가로 성장할 수 있게 돕는다.

역사적으로도 인센티브가 업무 성과에 큰 영향을 미친 사례는 쉽게 찾아볼 수 있다. 적당한 인센티브의 중요성은 미국 식민 초기에 얻은 교훈을 통해 알 수 있다. 1620년 청교도들이 미 대륙에 정착했을 때 그들의 주택과 농작물과 같은 재산은 처음에 모두 공동소유였다. 청교도들은 모두 공동의 이익을 위해 열심히 일했으며, 개인의 공헌도와는 별도로 이익은 모두가 똑같이 나눠 가졌다. 하지만 이러한 체계는 곧 여러 가지 문제를 발생시켰고 굶주림을 초래하기에 이른다. 이에 대해 매사추세츠 주의 초대 주지사 윌리엄 브래드퍼드William Bradford는 훗날 "이런 공동소유 체계는 더 많은 혼란과 불만을 초래했을 뿐만 아니라 오히려 실업률을 증가시키는 결과를 가져왔다."라고 설명했다.[4] 실제로 아무리 능력이 뛰어나고 부지런한 사람이라도 그들이 받는 노력의 대가는 게으르고 무능력한 사람들이 받는 대가와 항상 같았다. 때문에 자연히 이에 대한 불만이 불거져 나왔으며, 사람들은 더 이상 공동농장에 나가 일하려 하지 않았다.

이 같은 악순환은 2년 반이나 더 이어졌다. 결국 브래드퍼드는 각 가정에 개인 소유의 토지를 할당하고 거기에서 나온 이익은 각자가 가질 수 있도록 하는 조치를 감행했다. 이것이 바로 플리머스 식민지 번영의 시작이었다. 노력한 만큼의 이익을 얻게 되자 청교도들은 전보다 더욱 열심히 일하기 시작했다. 다시 말해 그들은 열심히 일하고 부를 창조한 대가로 인센티브를 받게 된 것이었다.[5]

또 다른 예로, 찰스 베잇슨Charles Bateson의 『죄수선』에서는 죄수들과 같이 매우 악한 사람들의 행동까지도 변화시킬 수 있는 인센티브의 강력한 힘에 대해 설명하고 있다.[6] 18세기 영국의 죄수들을 호주로 실어다 주는 죄수선의 선장들은 그들이 영국 런던에서 승선시키는 죄수들의 수에 따라 이익을 챙길 수 있었다. 이러한 보상 시스템으로 인해 죄수선의 선장들은 6개월의 항해 기간 동안 죄수들의 건강상태나 안전에 대한 고려 없이 한 배에 최대한 많은 죄수들을 실으려고 했다. 뿐만 아니라 선장들은 이익을 좀 더 많이 남기기 위해 죄수들에게 주는 식량의 양을 최대한 줄였다. 이렇게 해서 아낀 식량을 호주에 도착하자마자 팔게 됨으로써 짭짤한 부수입을 올리기도 했다. 반면에 이런 고통과 고난의 연속인 죄수선에서 끝까지 살아남아 호주에 도착한 죄수들은 마르고 뼈만 앙상했을 뿐만 아니라 이가 득실거릴 만큼 더러웠다.

이러한 보상 시스템 하에 운항되었던 죄수선은 승선한 죄수 중 3분의 1이 사망하는 높은 사망률을 보였다. 아울러 이는 다시 추가적인 사망률 증가를 막기 위한 보상 시스템의 변화로 이어진다. 그 결과 보상 방식은 승선지에서의 죄수 수만 측정하는 것이 아닌, 호주까지 무사히 살아서 가는 죄수 수에 따라 보상이 이루어지게끔 바뀌었다. 그렇게 해서 '죄수들을 인간적으로 대함으로써 얻게 되는 재정적 수익'은 곧바로 죄수들의 생존율과 건강 상태의 향상으로 이어진 것이다. 그 결과 새로운 보상 시스템 도입 후 운항된 처음 세 대의 죄수선의 죄수들 322명 중 오직 두 명만이 사망하는 데 그쳤다. 새로운 보상 시스템은 사망률의 감소를 가져왔고, 일전에 행해졌던 죄수에 대한 방치도 전보다 훨씬 줄어든 것이었다.

앞의 예에서 살펴보았듯이 사람들이 인센티브에 대해 즉각적으로 반응한다는 것은 엄연한 사실이다. 어떤 이들은 옳은 일을 하는 것은 당연한 일이기에 특별한 보상이 따를 필요가 없다고들 한다. 하지만 안타깝게도 인센티브가 항상 긍정적인 결과만을 가져오는 것은 아니다. 그 대표적인 예로 청교도들을 들 수 있다. 비록 청교도들이 거친 파도를 헤쳐 미 대륙에 정착해 척박한 토지를 개척한 용기 있는 사람들이었지만, 그들이 일한 만큼의 대가를 받을 수 있기 시작한 후에는 도전과 개척을 위한 노력보다는 오직 자신의 안위만을 위해 소극적으로 행동하게 되었다. 이것은 인센티브가 가져올 수 있는 부정적 결과의 대표적인 예다.

이와 반대로 우리는 인센티브 제도의 긍정적인 효과 덕분에 국가 전체가 변신한 사례를 목격한 바 있다. 1988년 이코노미스트 지는 아일랜드를 '경제적 실패'와 '재앙으로의 전진'이라는 단어로 묘사했다.[7] 아일랜드의 부총리 메리 하니Mary Harney는 "그동안 정부가 자금을 계속해서 빌리고 무분별한 지출을 일삼았으며, 터무니없는 세금을 부과했던 것이 사실입니다. 그 결과 지금의 파산상태에 이르게 된 것도 인정합니다. 또한 우리가 변화하기 위한 용기를 갖게 된 것도 사실 정부 재정이 이미 바닥날 대로 바닥난 상태이기 때문입니다."라고 발표했다.[8] 당시 아일랜드가 단행한 조치 중 가장 눈에 띄는 사항은 처음 50%였던 법인세율을 오늘날의 유럽 평균 법인세율인 30퍼센트보다도 낮은 12.5%로 감소시킨 것이었다.[9]

결과는 기대 이상이었다. 아일랜드의 경제 성장률은 1980년대 18%였던 데 반해 1990년대에 들어서는 83%까지 증가했는데, 이것은 1990년대 유럽 평균 성장률인 22%를 훨씬 능가하는 수치였다. 실업률 또한 1980년대 후반 18% 대에서 점차 감소해서 2005년에는 5%까지 떨어졌다. 그리고 일인당 국민 소득은 1990년대 미화 1만 2,000달러에서 2002년 3만 6,000달러까지 증가해서 유럽에서 두 번째로 높은 국민소득을 기록했다. 이에 따라

1997년 이코노미스트는 아일랜드에 대한 일전의 언급을 수정하여, 아일랜드를 다시 "유럽의 찬란한 빛"이라고까지 표현하기에 이른다.

비록 이 책에서 다루는 내용은 직원을 위한 인센티브에 초점이 맞추어져 있지만, 기업 전체적으로 보았을 때의 인센티브 제도는 한 기업의 고객, 공급자, 주주, 대리인, 지역 사회와 정부의 관심사를 일치시키는 데도 큰 역할을 한다. 그러므로 우리는 이들 모두를 위한 인센티브 제도를 알맞게 조화 일치시킴으로써 우리 자신의 성공에 한 발짝 더 가까이 다가가야 한다. 아울러 이처럼 모두에게 효과적인 인센티브 제도를 창조해 내기 위해서는 주관적 가치에 대한 심도 있는 이해가 필요하다.

예를 들어 코크 인더스트리즈는 영업사원들에게 전체 판매액을 기준으로 비교적 높은 수당을 제공한다. 그 이유는 이렇게 함으로써 영업사원들이 박리다매 형식의 판매전략을 채택하여 제품의 가격을 무조건 낮추는 것을 방지하는 대신, 그들의 능력을 통해 진정한 판매량의 증가를 달성할 수 있도록 하기 위함이다. 우리는 또한 소매상들이 우리 제품을 팔게 됨으로써 얻을 수 있는 혜택을 강조하여, 그들이 타사 제품보다 우리 제품을 더 선호하도록 하는 데 최선을 다한다. 이를 위해서는 특정 소매상의 운영방식을 이해함으로써 그곳의 판매사원으로 하여금 우리 제품을 손님에게 추천하거나, 진열장 좋은 자리에 진열하도록 유도해야 한다. 마찬가지로 지역 사회와 정부는 기업이 환경, 안전, 법을 잘 따르고 지켜나갈 때 기업의 번영과 성장을 더욱 도우려한다.

물론 사람들이 옳은 일을 하도록 하기 위해서 반드시 인센티브가 필요한 것은 아니다. 하지만 앞서 말한 청교도, 죄수선, 아일랜드의 예를 통해 볼 때 적당한 인센티브는 선한 사람이든 악한 사람이든 그들로 하여금 더 열심히 일하게 만들 뿐만 아니라 좀 더 나은 가치를 창조하게 함으로써 그들 자신을 포함한 모두가 발전할 수 있게 돕는다는 것을 알 수 있다.

하지만 이것들만이 인센티브를 제공해야 하는 유일한 이유는 아니다. 옳은 일을 하고자 하는 사람들에게 성공하고자 하는 강한 욕구가 있다 하더라도, 어느 분야에 어떻게 그들의 시간과 노력을 투자할 것인지 결정하는 것은 여전히 해결해야 할 과제다. 한편, 훌륭한 기업가가 시장의 인센티브 제도를 이용하여 가장 생산적인 행동방법을 찾아내는 것처럼 기업들 또한 인센티브를 이용해 그들의 관심분야에서 최상의 가치창조를 위해 직원들을 이끄는 데 힘써야 할 것이다.

부정적 효과 없이 완벽한 인센티브를 마련하는 것은 결코 쉽지 않은 일이다. 적당한 인센티브는 직원들이 가치창조를 할 수 있도록 장려하고, 무엇이 가치 있는 것인지에 대한 본보기를 제시해 준다. 게다가 원칙을 거스르지 않는 범위 내에서 가치창조가 이루어질 수 있도록 한다. 그러므로 우리는 효과적인 인센티브 시스템을 조직하기 위해 인간의 행동을 좀 더 심도 있게 이해해야 한다.

각각의 직원들이 가치 있게 여기는 것은 매우 주관적이며, 재정적인 요소와 비재정적 요소 모두를 포함한다. 비재정적 요소는 일에 대한 신념과 도전정신, 경쟁심, 자존심, 만족감, 즐거움, 그리고 성공적인 팀의 일원이 될 수 있다는 자부심 등이 있다.

몬태나 주에 위치한 우리의 비버헤드 목장은 재정적 요소와 비재정적 요소가 알맞게 결합된 인센티브 제도의 예를 제시한다. 우리는 일찍이 사람들이 돈을 벌기 위한 목적보다는 새로운 생활방식의 하나로서 목축업을 시작한다는 사실과 실제로 목축업을 하기 위해서는 가족들의 도움이 필요하다는 사실을 깨달았다. 이에 따라 목장운영 초기, 가족 구성원이 목장에서 같이 일하는 것을 허락하지 않았던 처음의 정책을 가족 구성원 모두가 함께 일할 수 있도록 수정했다. 또한 목장 안에 직원들을 위한 사택을 마련하여 가족 모두가 목장 일을 함께 할 수 있도록 했다. 그 결과 목장은 이내 우수한 인력을 바탕으로 빠른 속도로 성장하기 시작했다.

## 인간의 행동

미제스는 개인이 행동하기 위해서는 세 가지 조건이 필요하다고 주장했다.[11] 첫 번째는 현재 상태에 대한 불만족이나 불안, 두 번째는 더 나은 상태에 대한 비전, 세 번째는 스스로 더 나은 상태를 만들 수 있다는 믿음을 갖는 것이다.

예컨대 우리는 현재의 잔디밭 상태에 불만족하고 잔디를 깎는 방법도 알고 있으며, 잔디를 깎게 되면 지금보다 더 나아질 것이라는 것을 알기에 잔디를 깎는다. 고객들은 현 공급자에게 불만이 있고 다른 공급자는 더 나은 조건을 갖고 있을 것이라 생각하며, 공급자를 교체하는 방법을 알고 있기 때문에 공급자를 교체한다. 이처럼 언제든 세 가지 중 하나의 조건이라도 결여되면 인간은 행동하지 않을 것이다.

행동의 세 가지 필수 조건들을 제공하는 데 실패한 기업들은 상대적으로 수동적인 문화를 조성한다. 반면 직원들의 창조적 파괴를 적극 장려하는 기업은 가치창조 방법에 대한 비전을 제시하고 의사결정을 도우며, 원칙적 기업가 정신이 살아 있는 문화를 조성할 수 있게 된다.

시장중심 경영에서 말하는 이상적인 인센티브란 직원들이 자신의 역할을 훌륭히 수행함으로써 기업을 위해 최상의 가치를 창출할 수 있도록 장려하는 것을 뜻한다. 또한 가능하다면 보상은 주어진 예산 안에서 직원에게 가장 큰 가치를 제공함과 동시에 각 직원들의 주관적 가치에 맞추어 조정되어야 한다. 인센티브는 개인의 위기관리 능력, 시간 선호도를 비롯해 가장 효과적인 보상의 형태와 금액을 염두에 두고 결정되어야 한다. 예를 들어 시간 선호도가 낮은 직원에게는 연기된 보상을 기다린 대가로 보상 액수를 좀 더 높여주어야 할 것이다. 이처럼 다른 조건들이 모두 동등하게 주어졌을 때, 보상이 장기간에 걸쳐 이루어진다면 그 액수와 크기는 더 가중되어야 할 것이다.

## 시간 선호도

다른 모든 조건이 동일하게 주어졌을 때 사람들은 미래보다는 현재 주어진 가치에서 얻는 만족을 더 선호한다. 이러한 시간 선호도는 사람마다 다르고, 동일한 사람이라도 기간에 따라 매우 달라질 수 있다. 상대적으로 시간 선호도가 높은 사람은 미래 가치로부터 얻게 되는 만족감보다는 지금 현재 얻는 만족감을 더 선호한다.

시간 선호도는 현재 얻을 수 있는 만족을 포기함으로써 미래에 요구되는 추가적인 만족의 정도를 의미한다. 이러한 가치의 차이는 돈이 아닌 시간의 가격을 나타내고, 이자가 생기는 이유가 된다.

그리고 재산권이 확실히 인정되고 보장될 때 시간 선호도는 감소하고, 개인의 저축률은 증가하며, 기업은 장기 투자로 전향한다.

직원이 가치 있게 여기는 것이 무엇인가를 이해하기 위해 매니저들은 그들과 자유롭고 솔직한 관계를 유지해야 한다. 이러한 관계 유지는 역할, 직원, 매니저, 그리고 매니저의 직원 다루는 능력에 따라 그 성패가 갈릴 것이다. 각각의 매니저와 직원들은 각자의 비교우위를 갖고 있다는 사실을 명심해야 한다.

경우에 따라서 어떤 직원들에게는 훌륭한 임무 수행에 대한 칭찬과 같은 비금전적 인센티브가 금전적인 인센티브보다 더 효과적일 것이다. 여기서 명심해야 할 것은 직원들에게는 어디까지나 거짓이 아닌 진심에서 우러나오는 칭찬을 해야 한다는 점이다. 매슬로가 "칭찬을 받을 자격이 없는 사람에게 칭찬하거나, 지나치게 과장된 칭찬을 하면 이는 실제로 죄를 짓는 것과 같은 것이다."[12]라고 말했듯이 거짓된 칭찬은 신뢰를 손상시킨다.

모든 금전적인 인센티브는 장기간에 걸친 수익률 극대화를 위한 혁신과 창조적 파괴를 장려하도록 구성되어야 한다. 비록 가장 이상적인 보상액이나 규모는 정밀한 계산을 통해 결정될 수 없다지만, 직원이 기업을 위해 창조해낸 가치는 최대한 정확히 측정되어야 한다. 그래야만 비로소 가장 이상적인 보상의 형태와 금액을 정할 수 있게 되는 것이다.

# 잘못된 인센티브 제도

직원들 대부분은 그들 자신과 기업, 그리고 사회의 발전을 위해 온 힘을 기울인다. 하지만 안타깝게도 대부분의 기업의 인센티브 제도는 직원이 혜택을 얻기 위해서 어쩔 수 없이 기업을 위한 장기가치를 손상시켜야 하는 다소 비효율적인 형식을 취하고 있다.

예를 들어 어떤 기업들은 비용통제를 위해 고정예산 제도를 채택한다. 이러한 시스템의 문제는 예산 초과를 이유로 수익이 기대되는 좋은 기회마저도 놓치게 되는 데 있다. 또한 기업들은 예산이나 인력의 특정 부분을 줄임으로써 비용을 줄이려고 하기도 한다. 이러한 시도들은 기업의 수익률을 감소시키는 불필요한 지출이나 인력을 감소시키는 효과도 있지만, 수익률로 이어질 수 있는 지출이나 인력 또한 제거하는 결과도 가져올 수 있다. 이처럼 잘못된 인센티브 제도는 특히 기업주와 직원의 관계<sub>주인-대리인 관계</sub>에서 쉽게 찾아볼 수 있고, 이를 가리켜 '대리 문제'라고 한다.

대리 문제는 주인이 대리인을 고용하면서 발생하기 시작한다. 주인의 입장에서 보았을 때 대리인의 행동은 주인의 가장 큰 관심사인 데 반해 대리인은 대리인 자신을 위한 최선의 방법을 선택한다.

이러한 관심사의 차이는 여러 가지 방면에서 입증된다. 특히, 주인과 대리인이 인식하는 위험 정도가 다를 때 문제는 다음 두 가지 중 한 가지 형태로 나타난다. 첫 번째 형태는 직원이 전혀 위험을 감수하고자 하는 의욕이 없는 경우다. 즉, 보통 수익률로 이어질 수 있는 위험감수에 대한 적절한 보상이 뒤따르지 않거나, 위험을 감수하고 모험적인 사업을 진행시켜 만약 손해가 생기면 이에 대한 엄중한 처벌이 따르는 것이다. 그 결과 직원들은 모두 혁신적이고 도전적이기보다는 매사 안전을 기하는 문화를 조성하게 된다.

이렇게 위험을 두려워하는 태도를 변화시키기 위해서는 가치 창조에 따른 적절한 보상이 주어져야 하고, 이 과정에서 혹시 손해가 발생하더라도 처벌은 타당한 경우에만 가해져야 한다. 신중한 위험감수는 기회비용의 개념을 강조하면서 적극 장려되어야 한다. 이를 위해서는 이미 포기한 기회와 함께 놓친 이익이 실패한 모험적 사업으로부터 얻게 되는 손해와 같다고 보아야 한다. 또한 이미 놓친 기회라도 그에 따른 기회비용을 직원 수행 평가 보고서에 포함시켜 다른 직원들도 이를 알 수 있게 해야 한다. 이렇게 함으로써 백만 달러를 벌 수 있는 50%의 기회보다 10만 달러를 벌 수 있는 90%의 기회를 선택한 직원과 같이 수익성에 관계없이 무조건 위험성 높은 모험을 피하려는 현상을 어느 정도 막을 수 있다. 기회비용의 고려는 승낙을 받아내기 위해 필요한 시간과 같은 승낙 과정의 불필요한 낭비를 줄이는 데 큰 몫을 담당한다.

두 번째 경우는 직원들이 너무 무분별하거나 심지어는 허락되지 않은 위험을 무릅쓰는 경우다. 이런 경우 보통 자신이 가진 모든 것을 투자함으로써 큰 돈을 벌기를 원하고, 이 과정에서 회사까지도 위험으로 몰아넣는다. 이렇게 불성실한 직원들은 1995년 위험에 놓인 베링스 은행의 경우1995년 베링스 은행의 싱가포르 주재 파생상품 거래담당 직원이던 닉 리슨이 불법거래를 통해 14억 달러의 손실을 끼쳐 은행을 파산으로 몰고 간 사건-역주처럼 기업 전체를 위험한 상황에 처하게 한다. 이러한 행동은 처음부터 정직한 직원을 고용하고 존속시킴으로써 막을 수 있고, 가치와 신념을 알맞게 조화시킨 결정권의 강화와 효과적인 통제를 통해 어느 정도 막을 수 있다.

한편, 공개 기업이 겪는 잘못된 인센티브 제도의 문제점은 생각보다 더 파괴적이다. 공개 기업들의 경영진은 매 분기마다 수익예측을 하는 과정에서 상당한 압력을 받는다. 예를 들어 예상보다 낮은 수익을 올렸을 때는 주식가격이 대폭 하락하기 마련이다. 이 같은 큰 주식 하락폭을 경험하지 않기 위해 경영진은 장기 가치 극대화에 필요한 비용을 단기 수익 증대를 위해 미리 써

버리는 실수를 범하고 만다. 그리고 이러한 실수는 미래에 더 많은 가치를 가져다줄 수 있는 기회를 포기하게 만든다. 게다가 단기 수익률 증진에만 눈이 멀어 심지어는 장부조작과 같은 부정행위까지 하도록 부추긴다. 이처럼 잘못된 인센티브 제도는 공개 기업의 장기적인 성공을 저해하는 결과를 가져온다. 이처럼 공개 기업이 겪는 잘못된 인센티브 제도의 문제로부터 조금이나마 자유롭기 위해 코크 인더스트리즈는 사기업 형태를 유지한다.[13]

## 인센티브의 조화

효율적인 인센티브 시스템이라면 직원 개인의 관심사와 기업 전체의 관심사를 일치시킬 수 있어야 한다. 만약 결과가 직원에게 좋은 일이라면 기업을 위해서도 좋은 일이어야 하고, 기업을 위해 나쁜 일은 직원에게도 나쁜 일이어야 한다. 이것은 특히 준수 프로그램의 실천에 있어 더 잘 들어맞는 말이다. 코크 인더스트리즈의 준수 프로그램의 효율성은 모든 직원, 특히 경영진에게 일정한 책임을 부여하면서 크게 증가할 수 있었다.

첫 번째 목표는 개인의 관심사와 기업 전체의 관심사를 알맞게 조화시키는 인센티브를 제공하는 것이다. 이것은 옳은 일을 하고자 하는 개인의 자연적인 욕구를 자극함으로써 기업의 번영을 돕는 것이다. 두 번째 목표는 직원 개개인은 모두 다르기 때문에 그들의 기여도 또한 매우 달라질 수 있다는 사실을 염두에 두고 보상이 책정되어야 한다는 것이다. 그리고 세 번째 목표는 직원의 가치창조를 제한하지 않기 위해서 그에 따르는 보상의 범위도 제한되어 있어서는 안 된다는 것이다. 마지막으로 인센티브 제도는 원칙적인 기업가 정신의 소유자들을 효과적으로 끌어들이고 참여시키는 방법으로 구성되어야 한다는 것이다.

이러한 목표들은 기업의 장기적 가치창출을 이끈 데에 따른 적절한 보상을 해줌으로써 달성할 수 있다. 반면에 우수한 결과를 이끌어내지 못하는 활동들에 대해서는 철저히 아무런 보상을 해주지 말아야 한다. 그래야만 개인이 비로소 우수한 결과를 이끌어내기 위해 노력할 것이기 때문이다. 한편 비전, 욕구, 가치관, 능력의 차이 탓에 가치창조를 위한 무궁무진한 기회를 제대로 이용하지 못하는 경우가 많다. 이러한 차이로 인해 거의 비슷한 역할을 수행하는 두 직원이 서로 다른 보상을 받는 일이 생기기도 한다.

가치창조를 좀 더 넓은 의미에서 생각해 보자. 직원은 혁신과 기회포착뿐만 아니라 기업 전체를 위한 가치창조 과정이 매끄럽게 진행되게 함으로써 다시 한 번 가치창조를 하게 된다. 예를 들어 사업상 중요한 결정을 할 때 재정적 측면의 정보는 필수적이다. 이처럼 효율적인 방법으로 유용한 정보를 제공하는 것은 새로운 제품개발뿐만 아니라 장기적인 수익창출에도 매우 중요하다. 또한 이러한 가치창조 활동이 제대로 인식되어야 하며, 이에 맞는 보상도 뒤따라야 한다.

실패와 결과는 서로 떼려야 뗄 수 없는 관계다. 실험적 발견을 위해서는 어느 정도의 실패는 예상해야 한다. 또한 오늘날 얻게 되는 긍정적인 결과들은 과거의 많은 실패 경험에서 배운 교훈을 바탕으로 이루어진 것이라는 사실도 알아야 한다.

코크 인더스트리즈는 사실 실패에 대한 보상은 해주지 않는다. 비록 실패를 경험하게 될 것이라는 것을 어느 정도 예상은 하지만, 되도록 이런 실패를 겪지 않으려고 노력한다. 우리는 실패에서 교훈을 얻어야 한다. 또한 이러한 실패가 잘못된 생각이나 충동적인 행동 때문에 발생한 것이었는지, 아니면 잘 계획된 시도였지만 가끔 발생하는 실패들 중 하나인지를 구별할 수 있어야 한다.

실패를 하더라도 그것이 잘 계획된 실험에서 발생한 예상치 못한 실패라면 이를 벌하지 않음으로써 훗날 위대한 발견과 배움을 이끌어낼 수 있는 작은 시도들을 장려한다. 아울러 이러한 시도들은 혁신, 성장, 장기적 수익률에 없어서는 안 되는 필수 요소다.

기업은 직원들이 보상에 대해 권리의식을 갖는 것을 막아야한다. 자동적인 상승생계비 지수의 상승에 따른 임금 인상- cost of living adjustment과 직책, 자격증, 학위, 직장 경력을 바탕으로 한 임금 계산법 등은 ─ 헤이 시스템Hay System과 같은─ 비효율적인 보상 시스템이다. 또한 실제 창출해낸 가치를 기준으로 하지 않고 예산 범위 내에서 제공되는 제한된 보너스도 대표적인 비효율적 보상 시스템의 하나다.

우리의 접근방식은 이러한 전형적인 비효율적 보상 시스템과는 다르다. 전통적인 보상 시스템은 대부분 개인의 능력보다는 직책에 더 중점을 두고, 비슷한 직책이라도 다른 보상구조를 갖는다. 전통적인 보상방식은 보고서, 트레이닝과 교육 증명서, 직업의 복잡성과 권한 레벨과 같은 사항을 참고로 특정 직책에 대한 보상범위를 하나의 공식으로 만들어낸다. 이렇게 만들어진 공식은 오히려 혁신, 발견, 기업가적 행동을 통한 진정한 가치창조를 저해하고 제국화나 관료주의화를 더욱 부추길 뿐이다.

이러한 전통적인 보상방식의 부정적 효과를 피하기 위해 코크 인더스트리즈는 역할에 따라 보상을 하지 않고, 직원들의 기여도나 그들이 이룩한 뛰어난 성과에 초점을 맞추어 보상한다. 이것이 바로 우리가 채택하고 있는 시장중심 경영이다. 칼 마르크스Karl Marx는 공산주의를 "개인의 능력에 따라 거두어들이고" 다시 "개인의 욕구에 따라 분배하는" 시스템이라고 설명한 것으로 유명하다. 하지만 이에 반해 시장중심 경영은 "개인의 능력에 따라 거두어들이고 개인의 공헌도에 따라 다시 분배된다."는 점을 강조한다.

## 한계공헌

직원의 한계공헌도를 예상할 수 있는 능력은 효과적인 보수체계를 위한 매우 중요한 요소다. 한계공헌은 한계분석의 특정 적용분야다. 이것은 특정 변화, 요소, 개인에 따라 새롭게 창조된 가치의 할당량이다. 직원의 한계공헌을 예상하기 위해서는 다음과 같은 질문에 대해 답할 수 있어야 한다.

- 어떠한 결과가 얻어졌는가?
- 이 직원이 없었더라면 이 기회를 포착할 수 있었을까?
- 이 직원이 없었다면 결과는 어떻게 달라졌을까?
- 이 직원이 우리 기업문화 정착에 어떤 영향을 주었을까?

코크 인더스트리즈는 직원들의 생활수준 또한 시장중심 경영 지도원칙에 따라 평가한다.

직원의 수행능력은 연말에 한 번만 평가할 것이 아니라 1년 동안 꾸준히 평가해야 한다. 장기적인 결과에 대한 특정 직원의 공헌도를 측정하기 위해서는 경제적 분석과 360도 피드백이 이용되어야 한다. 이렇게 함으로써 개인의 공헌도 측정이 엄선된 정보를 통해 이루어질 수 있다. 평가는 아직 보상이 이루어지지 않은 공헌에 대한 평가도 포함한다. 이렇게 개인의 공헌 여부에 대한 평가가 뒤로 미뤄지는 경우는 프로젝트가 이미 오래 전에 시작되어 일정 기간 안에 끝나지 않고 아직도 현재 진행 중이기 때문일 수 있다. 이러한 경우가 있을 것을 예상하여, 코크 인더스트리즈는 보상을 할 때 오직 결과만을 놓고 보지 않는다. 대신, 결과를 얻기 전이라도 이러한 결과가 실현될 수 있을 것이라는 조짐이 보인다면 이에 따른 보상을 한다.

임금은 한 직원이 기업을 위해 창조해낼 미래 가치에 대해 미리 지불하는 보상금이라고 생각하면 된다. 그렇다면 직원이 예상보다 더 높은 가치창출을 하게 된다면 어떻게 되는 것일까? 그는 부가적으로 창조된 가치의 일부분을 배당받게 된다.

부가적 가치에 따른 부가적인 보상은 여러 가지 방법으로 이루어진다. 예를 들어 연간 인센티브, 특별 보너스, 다년간에 걸친 수익 기반 보상과 다른 여러 인센티브들이 그것들이다. 매니저의 가장 중요한 역할은 더 나은 가치창조를 하는 직원들에 대해 그들의 능력에 맞는 대우를 해줌으로써 이들을 동기부여 하고 이들을 회사에 존속시키는 것이다. 직원의 수익창출 능력이 이미 우수한 것으로 여겨지더라도 그는 앞으로도 더 발전하여 더 많은 수익을 창출해낼 수 있다는 사실을 명심해야 한다. 매니저는 기업과 직원 모두가 어떻게 이러한 발전으로부터 이익을 얻을 수 있을지 생각해 보아야 한다. 제공되는 피드백을 이해하고 자신에게 맞게 적용시키는 직원들은 그들의 공헌도 또한 높일 수 있을 것이다.

반대로 수익을 만들어내지 않는 직원은 그들이 받는 보상보다도 더 적은 가치를 창출해 내고, 기업의 자원을 낭비하며 가치를 파괴한다. 이러한 경우 빠른 조치가 필요하다.

에이브러햄 매슬로는 "모든 인류는 의미 없는 일보다는 의미 있는 일을 선호한다."[15]라고 했다. 의미 있는 일을 한다는 것은 사회 가치창조를 위해 공헌을 한다는 것이다. 진정한 시장경제의 관점에서 보았을 때, 사회에서 창조된 가치를 측정하는 단위는 '수익'이다. 기업은 올바른 인센티브 시스템을 구축함으로써 직원들이 이룩한 업적을 정확히 파악하고, 그에 따른 올바른 보상을 할 수 있다. 또한 직원들이 좀 더 생산적인 삶을 살 수 있게 할 뿐만 아니라, 스스로의 잠재력을 발견하여 직업에서 얻는 만족과 기쁨을 최대한 누릴 수 있게 도울 수도 있다.

"만족스러운 성과를 달성하기 위해서 우리는 생활 모든 방면에서
올바른 이론과 실천을 통해 열정적으로 배우고 도전하며 실험해야 한다."

찰스 G. 코크

# THE SCIENCE

## OF SUCCESS

"15세기 의사들은 환자들이 알아볼 수 없는 그들만의
언어로 비밀스러운 치료 요법을 기록했다. 따라서 당시 이러한 비밀 요법을
파헤치고자 하는 자에게는 이에 따른 용기와 희생이 필요했다. 또한 이와 같은
모험을 위해서는 관련 분야에 대한 지식은 물론이거니와 열정과 과감성이
필요했다. 같은 원리로, 새로운 분야를 개척하기 위해서는 그 분야에 대한 해박한
지식과 함께 그 분야에 대한 열정 또한 갖고 있어야 한다." - 대니얼 부어스틴[1]

"혁신은 기업가를 위한 특별한 도구이며, 변화를 다른 사업이나 서비스를 위한 기회로
전환할 수 있게 하는 수단이다. 또한 혁신은 학습이나 실천을 통해 이루어질 수도 있다.
기업가들은 의도적으로 혁신을 이끄는 요소를 찾아내고, 혁신을 위한 기회를 포착해낼
수 있어야 한다. 그리고 또한 성공적인 혁신을 이끄는 요소들을 알아야 하고, 이를 잘
적용시킬 줄도 알아야 한다." - 피터 드러커[2]

**CHAPTER 8**
교훈

시장중심 경영은 인간행위의 과학을 기업에 적용시킨 것이다. 이는 또한 사회번영을 이끄는 원칙들을 기업에 적용시킴으로써 결과를 얻는 입증된 프로세스다.

나는 시장중심 경영이 자선, 정치, 사회단체 등 어떤 종류의 단체에도 두루 적용될 수 있는 개념이라고 믿는다. 하지만 이 책은 코크 기업에 적용된 시장중심 경영에 초점을 맞춘다. 시장중심 경영을 이용한 지속적인 가치창조를 위해서는 먼저 이것이 잘못 적용되었을 때의 결과를 예측해 보아야 할 필요가 있다.

# 함정

시장중심 경영이 잘못 적용되는 대표적인 사례는 바로 시장중심 경영이 전체적인 시스템이라는 사실을 인식하지 못하는 것에서 비롯된다. 반면에 시장중심 경영의 진정한 영향력은 각각의 부분 요소가 아닌 이들의 결합에서 비롯된다. 따라서 개인적 지식 없이 간신히 그 의미만을 파악한 사람들은 자연히 시장중심 경영을 잘못 적용시키기 쉽다.

이러한 이유에서 기업이 성공적으로 시장중심 경영을 적용하기 위해서는 기업의 지도자들이 앞장서서 시장중심 경영의 전체적인 적용과 이해를 통해 개인적 지식을 습득해야 한다. 이때의 개인적 지식의 습득이란 주요 개념의 이해를 통한 자기 변화 과정을 뜻한다. 또한 이러한 주요 개념들이 어떻게 장기적 수익률로 이어질 수 있을지를 이해하는 것도 매우 중요하다.

이론을 실제로 적용하여 실행에 옮기는 것은 결코 말처럼 쉽지 않을 것이다. 우리는 그동안 많은 지도자들이 스스로 주장한 철학과 일치된 행동을 하지 않는 경우를 많이 보아왔다. 이러한 이론과 실천의 불일치는 냉소를 비롯해 관료주의, 지배적 통치, 그리고 파괴적이며 이기적인 행동과 같은 문제를 초래했다. 시장중심 경영을 응용하려는 사람들 또한 이러한 문제들로부터 결코 예외가 될 수는 없다.

　시장중심 경영을 잘못 적용하는 또 다른 예는 교육과 유용한 수단모델을 통한 원리 강조 대신 정해져 있는 복잡한 절차에 따라 적용하려는 경우다. 시장중심 경영은 앞서 언급했던 '역할, 책임, 기대RR&E'의 올바른 정의와 직원과 감독관의 협력을 통해 성공적으로 기업에 적용될 수 있다. 하지만 실제로 시장중심 경영은 이와 반대로 관료적 절차를 통해 실행되는 경우가 많다. 이러한 시장중심 경영의 잘못된 적용은 정부가 효율적인 기준 대신 강력한 규제를 통해서만 통제하려는 접근방식과 같은 오류를 범하는 것이다.

　한편 우리의 프로젝트 분석 프로세스인 의사결정 프레임워크는 의사결정 과정을 최대한 간단하게 하기 위해 마련되었다. 하지만 이러한 원래의 의도와는 다르게 의사결정 프레임워크는 가끔 너무 복잡하게 조직되어 좋은 프로젝트를 저해하는 결과를 가져오기도 한다. 결과향상으로 이어지지 않는 분석 또한 더 이상 의미가 없는 법이다. 예를 들어 아무리 1억 달러짜리 프로젝트에 쓰여서 효과적이었던 분석이라도 200만 달러짜리 프로젝트에 다시 쓰이게 된다면 그 효과는 현저히 떨어질 것이 불 보듯 뻔한 일이다. 즉, 이처럼 분석과정에서 불필요한 낭비를 줄이고자 분석을 재탕해서 쓴다면 효과를 볼 수 없다. 대신에 이런 불필요한 낭비를 줄일 수 있는 가장 좋은 방법은 프로젝트 담당자들로 하여금 그들이 실제 분석을 준비하는 동안 느꼈던 불필요한 부분에 대해서 보고하게 하는 것이다. 그러면 다른 프로젝트를 진행시킬 때 이러한 불필요한 과정을 생략함으로써 어느 정도의 시간과 자원의 낭비를 줄이고, 더욱 효과적으로 프로젝트를 진행시킬 수 있을 테니 말이다. 이와 마찬가지로 프로젝트 진행자들 또한 분석준비 자료 중 그다지 중요하지 않은 부분이 무엇인지에 대한 충고를 들을 필요가 있다. 아울러 이러한 방법을 통해 밝혀진 불필요한 내용은 다른 프로젝트 분석의 효율성을 위해서 최대한 빨리 제거되어야 할 것이다.

반면 의사결정 프레임워크가 전혀 이용되지 않거나, 이에 대해 잘 알지 못하는 사람에 의해 의사결정 프레임워크가 사용되었다면 수익성과 가능성이 없는 분야에 투자하게 되는 결과를 낳을 수 있다. 프로젝트 분석 진행자가 의사결정 프레임워크를 제대로 이해하지 못한다면 이것은 결과적으로 다른 사람의 소중한 시간만 낭비하게 만들 뿐이다. 그러므로 투자 여부를 결정하기 전에는 꼭 의사결정 프레임워크를 통해 투자가치에 대해 분석해야 하며, 투자에 따른 예상 결과도 증명해야 한다.

하지만 분석과 증명의 범위는 투자의 위험성/보상, 사이즈, 복잡성과 법적 요구조건들에 따라 크게 달라질 수 있다. 이 과정은 위험조정수익 극대화에 초점이 맞춰져야 한다. 위험성은 낮으면서 높은 수익률이 기대되는 프로젝트는 별다른 절차 없이 곧바로 실행될 수 있을 것이다. 한편, 시장중심 경영이 관료주의적으로 엄격한 공식으로서 적용된다면 이것은 더 이상 진정한 의미의 시장중심 경영이 아니다. 이렇게 관료주의적 성격을 지닌 시장중심 경영은 오히려 가치창조를 저해하는 결과를 가져온다. 반면, 진정한 의미의 시장중심 경영은 직원들이 현 상태에 안주하지 않고 끊임없이 도전하게 함으로써 혁신하게 하는 자생적 질서원칙을 기초로 한다.

시장중심 경영 적용에 있어서의 또 다른 실수는 시장중심 경영을 의미 없는 용어들의 집합체로 보거나, 기존의 다른 경영원칙과 같다고 간주하는 것이다. 이것은 직원들이 시장중심 경영을 적용시켜 무엇인가 얻으려 하기보다 이것 자체를 적용시키는 데만 온 힘을 기울이는 오류를 범하게 한다.

이러한 실행착오를 방지하고 시장중심 경영의 진정한 효과를 얻기 위해 우리는 좀 더 일찍 실행착오를 방지할 수 있는 해결책을 마련할 수 있는 통찰력을 가진 지도자를 양성할 필요가 있다. 기업의 고객과 경쟁자는 시간이 지남에 따라 변한다. 따라서 훌륭한 기업가는 이러한 변화에 적응하여 가치창조를 지속적으로 유지시켜 나갈 수 있어야 한다. 다행히 기업가는 '이익과 손해'라는 강력한 피드백을 제공받음으로써 이러한 변화에 따른 알맞은 조치를 마련할 수 있게 된다. 아울러 우리는 이러한 피드백을 참고로 하여 시장중심 경영을 적용하는 과정에서 발생하는 문제에 대한 조치를 좀 더 쉽게 마련할 수 있어야 한다.

이러한 몇몇 잘못된 적용 사례들에도 불구하고 시장중심 경영은 알맞게 적용되고 실행되었을 때 강력한 힘을 발휘한다는 사실이 증명되었다. 시장중심 경영은 우리 기업이 지난 40년간 크게 성장할 수 있게 한 원동력이었다. 시장중심 경영은 직원들이 그 형식만이 아닌 그 속에 포함된 정신을 적용시킬 때 그 진가를 발휘한다. 또한 의사결정과 혁신을 위해 최고의 지식을 이용하고, 가치창조를 돕는 기본 원리라고 여기며, 우리 자신에게 "과연 이것이 가치를 창조하는 것일까?"라는 질문을 지속적으로 던짐으로써 시장중심 경영의 효과를 더욱 극대화할 수 있다.


## 혁 신


시장중심 경영을 통한 가치창출이 어려운 이유는 개인적 지식을 개발시키고, 원칙적 기업가 정신의 문화를 배양하기 위한 피드백을 제공해야 한다는 데 있다. 이러한 어려움을 극복하고 불확실한 미래에 더 나은 가치창출을 향한 열정적인 혁신을 이끌어내기 위해서는 원칙적 기업가 정신의 문화를 조성해야 한다.

기술 분야뿐 아니라 모든 분야 전반에서의 혁신이야말로 장기적 성공에 대한 열쇠라고 할 수 있다. 기업이 경쟁자보다 빠른 속도로 발전할 때, 그들은 성장한다. 반대로 기업이 쇠퇴한다는 것은 다른 경쟁자에 의한 창조적 파괴의 희생자가 된다는 뜻이다. 한편, 새로운 발견은 비전의 변화를 가져와 우리가 알고 있는 기존 사실들을 또 다른 관점에서 볼 수 있게 한다. 하지만 이러한 비전의 변화는 매우 힘든 과정임에 틀림없다. 이처럼 비전 변화의 어려움을 알고도 혁신을 시도하는 것은 문제에 대한 적극적인 접근과 해결방법을 찾기 위한 용기가 함께 요구된다. 또한 혁신은 개인의 기여와 강력한 지적 에너지와 감성적 에너지를 동시에 필요로 한다.

새로운 발견의 과정은 개인적 지식과 이를 바탕으로 더 나은 대안을 찾으려는 지속적인 노력에 따라 진행된다. 한편, 새로운 발견을 하기까지는 이를 뒷받침하기 위한 수많은 가설이 필요하다. 하지만 가설은 어디까지나 가설일 뿐이다. 때문에 가설을 100% 믿을 수는 없지만, 적어도 이를 통해 우리가 찾고자 하는 답에 대한 힌트를 얻을 수는 있을 것이다. 그런 다음에는 가설을 실제로 증명해 보임으로써 새로운 발견에 대한 실효성을 부여한다.

그렇다면 이런 발견 프로세스는 어떻게 진행되는 것일까? 폴라니는 이에 대해 자생적 질서와 상호 자기조정 노력이 새로운 발견을 가능하게 한다고 주장했다. 그는 이 과정을 거대한 퍼즐 조각을 맞추는 것에 빗대어 설명했다. 모든 사람이 각자의 능력

### 폴라니의 퍼즐 맞추기

"우리에게 아주 큰 퍼즐이 주어졌다고 상상해 보자. 우리는 이 퍼즐을 최단시간 안에 모두 완성시켜야만 한다. 이런 경우 우리는 자연히 다른 사람에게 도움을 요청함으로써 퍼즐 완성 시간을 단축하려 할 것이다. 문제는 어떻게 이들의 도움을 이용해 최상의 결과를 이끌어낼까 하는 것이다. 가장 좋은 방법은 이들이 서로 협동하게 하여 그들 개인의 능력 이상의 힘을 발휘할 수 있게 하는 것이다. 또한 모두가 함께 퍼즐 조각을 찾음으로써 한 퍼즐 조각이 맞추어지면 다른 사람들이 곧바로 이어서 다음 퍼즐 조각을 찾을 수 있게 한다. 이러한 방법은 각자가 다른 사람의 가장 최근의 업적에 이어 자신의 노력을 더하려 하면서 협동의 효과는 더욱 커지는 것이다. 다시 말해 우리는 다른 사람에 의해 이루어진 성공을 계속 이어나가기 위해 스스로를 이에 맞추어 변화시킴으로써 개인의 노력이 공동의 성과로 결실을 맺게 한다."[3]

을 발휘하며 협동하고, 퍼즐 조각이 한 조각 맞추어질 때마다 사람들이 그 다음 퍼즐 조각을 찾기 위해 다시 노력하면서 새로운 발견은 좀 더 가속화된다. 반면 문제해결이 한 사람에 의해 진행되거나, 각자가 따로 따로 퍼즐을 맞추려고 하면 새로운 발견은 자연히 더뎌질 것이다.

자생적 질서를 바탕으로 이러한 발견체계를 성립하기 위해서는 직원들의 혁신을 장려해야 한다. 그러려면 무조건 정해진 규칙에 따라 행동하기를 강요하기보다는 새로운 아이디어 개발을 장려하는 환경을 조성해야 한다. 이 과정에서 특히 도전 프로세스는 다른 사람의 아이디어를 제한하는 기회가 아닌 배움과 향상의 기회로 여겨져야 한다. 나아가 창의적인 결과를 얻기 위해서는 각각의 개인이 혼자 일하기보다는 팀을 구성해 서로의 아이디어를 공유해야 한다. 한편, 이 과정에서 팀원들에게는 충분한 시간과 자원이 제공되어야 하며, 팀원들 스스로는 상대적으로 더 중요한 일에 몰두함으로써 불필요한 시간낭비를 줄여야 한다.

혁신은 합당한 기술과 능력을 가진 적임자를 적재적소에 배치함으로써 가능하고, 다양한 지식과 관점을 소유한 다른 사람으로부터의 비판적인 피드백을 받음으로써 한층 더 향상될 수 있다. 또한 모두가 실패를 두려워하지 않고 끊임없이 탐색하고 실험을 통해 새로운 것을 발견하게 하는 문화가 혁신을 주도한다. 아울러 이러한 문화는 신중한 위험 감수에 따른 적당한 보상을 해줌으로써 직원들이 끊임없이 혁신하도록 한다.

새로운 발견을 위해서는 현 상태에 안주하지 않는 도전정신과 타당한 이의제기를 통한 구조적 제약이 필요하다. 그럴싸한 외형이나 상업적 가치를 향상시키기 위해서는 구체적인 향상 방법에 대해서만 강조하면 되는 반면, 궁극적으로 독창성을 향상시키기 위해서는 타당한 이의제기 과정이 필요하다. 이러한 점에서 혁신은 제약과 자유의 조화를 수반한다고 할 수 있다.

불확실한 미래에도 불구하고 혁신을 시도하는 이들에게는 격려가 필요하며, 이들에게는 능력과 수행성과에 따른 알맞은 보상이 주어져야 할 것이다. 아울러 거듭 강조하지만, 가장 기본적인 의미의 시장중심 경영은 기업과 사회 모두를 위한 가치를 창조하는 혁신을 이끄는 원리이자 그 방법이다.

# The Science of
# Success

# 부록 A

| | | | |
|---|---|---|---|
| 석유 | 에퀴티 | 유도체 | 설탕 |
| 원유 | 자산유동화증권 | | 축우 |
| 응축액 | 신용디폴트스왑 | 금속 | 돼지 |
| | (Credit default | 알루미늄 | 코코아 |
| 정제품 | swaps) | 알루미늄 합금 | 캐놀라 |
| 가솔린 | 외국환 | 구리 | 오렌지 주스 |
| 항공 연료 | 이자율 | 납 | 우유 |
| 중유 | | 아연 | |
| 디젤유 | 광물 | 주석 | 중간공급원료 |
| 잔류기름 | 원유탐사와 | 니켈 | 나프타 |
| | 생산군 | 강철 | 가스오일 |
| 석유화학 | 석유코크스 | 은 | 에탄올 |
| 파라크실렌 | 석탄 | | |
| 오르토크실렌 | 유황 | 비료 | |
| 메타크실렌 | 시멘트 | 무수암모니아 | |
| 쿠멘 | 용재(鎔滓) | 요소 | |
| 유사쿠멘 | 해운업 | UAN | |
| 톨루엔 | | | |
| 벤젠 | 에너지 | 임산물 | |
| 프로필렌 | 천연가스 | 펄프와 제지 | |
| 에틸렌 | 전력 | 재활용 섬유 | |
| 폐섬유와 중합체 | 배출량 크레딧 | 폐휴지 | |
| | | 목재 | |
| 파이낸셜 | 천연가스액 | 나뭇조각 | |
| 고정수입(신용) | 에탄 | 합판 | |
| 에퀴티 아비트 | 프로판 | | |
| 리지 | 부탄 | 농업 | |
| 부동산 | 천연 가솔린 | 콩 | |
| 면세 리스 | | 밀 | |
| 지방채 | 구조제 | 옥수수 | |
| 기업채 | 위험관리 | 목면 | |

# 부록 B

플린트 힐스 리소스
원유정제, 화학, 윤활유 스톡과 아스팔트

코크 미네랄 서비스
광물 거래와 분배, 원유탐사와 생산

코크 파이프라인
원유와 정제 상품 파이프라인

코크 서플라이 & 트레이딩
여러 가지 일상용품 거래

코크 나이트로젠
질소 화학 비료의 생산, 분배, 거래

코크 정량(Quantitative) 거래
금융상품 거래

코크 화학기술 그룹
대형전송장치, 버너와 플레어, 열전환장치, 막 분리 시스템과 엔지니어링 서비스

코크 파이낸셜
자체 금융, 금융보장재보험, 부채담보부증권(CDO), 신용디폴트스왑(CDS)

인비스타
나일론 섬유, 폴리머, 스판덱스 섬유, 폴리에스테르 폴리머, 특수 화학과 PTA 라이센싱

조지아 퍼시픽
소비재, 패킹, 컨테이너 보드, 블리치 보드, 플러프, 마켓 펄프, 구조적 패널,
목재품, 석고, 화학제

# 부록 C

## 코크 인더스트리즈가 매각한 사업

원유 집하
가스 프로세스
황산
탱크
굴착 장치
준설기 제조
특수 화학
유황 플랜트 디자인
극저온 시스템
에어 퀄리티 컨설팅
곡물 유통
육류 가공
마이크로전자화학
피자 반죽
가축사료
곡류 탈곡

광물 채굴
유리 섬유제
의료기기
테니스 코트 표면
암모니아 파이프라인
브로드밴드 거래
서비스 스테이션
프로판 소매
냉각탑
비즈니스 항공기
트럭 운송
캐나다 파이프라인
임대
텔레커뮤니케이션
이미지 전송기
가스 파이프라인

플래티넘 트레이딩
이산화탄소
크로마토그래피
광재 시멘트
동력 발전
육우 비육장
퍼포먼스 로드
가스액 집하
파티클 보드

# 시장중심 경영 모델의 부분적 리스트

ABC 프로세스

견습생

최대한 간단할 수 있을

만큼 간단하라

도전 프로세스

변화

비교우위

경쟁우위

경쟁자 분석

준수

갈등해결

지속적 개선

주요 능력

CPV 트라이앵글

창조적 파괴

고객 중심

의사결정 프레임워크

결정권

분산된 무언의 지식

다양성, 전문화, 분업

경제적 자유와 번영

경제적 수단 vs. 정치적

수단

실험적 발견

공공 물품

치명적 자만

피드백

재무제표와 경제적 현실

형식 vs. 실제

프랜차이즈 개발

발언의 자유와 기준

성취

욕구 단계

인간 행위

성실과 지적 정직

인센티브

혁신

이론과 실천의 결합

고결함

내부시장

지식 프로세스

과학적 증거의 법칙

한계분석

한계 효용

정신 모델

노동력의 이동

다중 지능

우수한 운영능력

기회비용

개시

소유권과 책임

개인적 지식

정치경제학

인간행동학

가격 탐색자 vs. 가격 결정자

가격 책정 메커니즘

원칙적 기업가 정신

우선순위 결정

사유재산

수익성 측정

공공부문

과학 공화국

행동을 위한 조건

존경

위험, 불확실성, 선택

가격과 손익의 역할

역할, 책임, 기대

법률의 법칙

정의실현의 법칙

자유의 과학

개인 이익

자생적 질서

생산 구조

주관적 가치

매몰 원가

제약의 이론

시간 선호도

거래

트레이딩

공유지의 비극

거래비용

우수한 거래 능력

가치 사슬 분석

가치창조

번영과 진보를 위한 가치

미덕과 재능

보복적 승리

비전

비전 개발 시스템

낭비 제거

전체 vs. 부분

# 주 석

## CHAPTER 1 사업의 발전 과정

1. Fred C. Koch, "Random Advice on a Business Career." Speech given at the University of Wichita, Wichita, Kan., April 1960.
2. H. G. Bohn, *A Handbook of Proverbs*, 1855.
3. T. Levitt, "Marketing Myopia" *Harvard Business Review*, 1960, July-August.

## CHAPTER 2 인간행동학

1. F. A. Hayek, *Individualism and Economic Order*. University of Chicago Press, Chicago, Ill., 1980, p. 101.
2. Cited by W. A. M. Alwis, "Spoon-Feeding in 'Do' Disciplines," *CDTL Brief*, Vol. 3, No. 2, p. 5.
3. Fred C. Koch, "Random Advice on a Business Career." Speech given at the University of Wichita, Wichita, Kan., April 1960.
4. Joseph Schumpeter, *Capitalism, Socialism and Democracy*. Harper, New York, 1950, p. 83.
5. Ludwig von Mises, *Human Action*. Regency Co., Chicago, Ill., 1963, p. 32.
6. Michael Polanyi, *Personal Knowledge*. University of Chicago Press, Chicago, Ill., 1974, p. 60.
7. Cited by Robert Sobel, "Past and Imperfect: History According to the Movies," *Electronic News*, Vol. 42, Issue 2124, p. 52.
8. Thomas Hobbes, *Leviathan*. Adamant Media Corp., Boston, Mass., 2005, p. 84.

9. W. Edwards Deming, Video Series, 1988-1990.

10. Michael Polanyi, *Personal Knowledge*. University of Chicago Press, Chicago, Ill., 1974, p. 151.

11. Franz Oppenheimer, *The State*. Fox and Wilkes, San Francisco, 1997, pp. 14-15.

<u>CHAPTER 3</u> 비전

1. Michael Polanyi, *Personal Knowledge*. University of Chicago Press, Chicago, Ill., 1974, p. 144.

2. James Allen, *As a Man Thinketh*. Andres McMeel Publishing, Kansas City, Mo., 1999, p. 58.

3. The real economic contribution of an enterprise is its long-term profitability above opportunity cost, that is, above its cost of capital.

4. Adam Smith, *An Inquiry into the Nature and Causes of the Wealth of Nations*. Liberty Fund Inc., Indianapolis, Ind., 1981, pp. 26-27.

5. Alexis de Tocqueville, *Democracy in America*. Harper and Row Publishers, New York, 1969, p. 526.

6. Vernon Smith, "Constructivist and Ecological Rationality in Economics," Nobel Prize lecture, Stockholm, Sweden, December 8, 2002.

7. Richard Epstein, "Coercion vs. Consent," *Reason*, Vol. 35, No. 10, pp. 40-50.

8. Adam Smith, *An Inquiry into the Nature and Causes of the Wealth of Nations*. Liberty Fund Inc., Indianapolis, Ind., 1981, p. 456.

9. F. A. Hayek, *The Fatal Conceit*. University of Chicago Press, Chicago, Ill., 1989, p. 77.

10. George Will, "How Houston Slipped on the Oil Patch," *Washington Post*, January 17, 1988.

11. F. A. Hayek, *Individualism and Economic Order*. University of Chicago Press, Chicago, Ill., 1980, p. 101.

12. Cited by Scott Thorpe, *How to Think Like Einstein: Simple Ways to Break The Rules and Discover Your Hidden Genius*. Sourcebooks, Naperville, Ill., 2000, p. 149.

### CHAPTER 4 미덕과 재능

1. 1812 letter to John Adams.

2. Rhetoric i. c., 322 BC.

3. Frederic Bastiat, *Selected Essays on Political Economy*. The Foundation For Economic Education, Inc., New York, 1964, p. 56.

4. Howard Gardner, *Frames of Mind: The Theory of Multiple Intelligences*. Basic Books, New York, 1983, pp. 3-70 and *Changing Minds*. Harvard Business School Publishing, Boston, Mass., 2006, pp. 27-42.

5. 캐런 호니의 『인류 성장의 노이로제』(페이지 17-39)에서 묘사된 바와 같이 자기 이상화의 착오에 빠지는 사람들은 매우 파괴적으로 변한다. 자기실현을 향한 것이 자신을 이상화하거나 영광을 얻고자 하는 목적으로 변형되는 것이다. 특히 가장 파괴적인 단계는 보복적으로 승리를 얻고자 하는 것인데, 이러한 행동의 목적은 실제의 또는 상상화된 모욕감에 대한 복수로 타인에게 상처를 주기 위함이다. 아울러 이런 보복적인 승리는 왜곡된 자기 이미지에 대항하는 사람을 파괴하게 만드는 거만하고 충동적인 감정까지 불러온다. 하지만 이러한 의기양양한 모습은 얼마 가지 않을 뿐만 아니라, 복수를 하고자 하는 마음은 진실이나 개인의 관심사와 상관없이 재정비된다.

6. 선택은 우리 모두에게 언제나 적용되는 지속적인 프로세스다. 비록 우리는 새로운 직원 채용 과정에서만 선택이라는 것을 적용하지만, 사실 이것은 기존의 직원들에게도 적용되는 것이다. 간단히 말해 이것은 창조적 파괴의 다른 말이라고 보면 된다.

**7.** Kenneth Arrow, *The Limits of Organization*, Norton, New York, 1974, p. 23.

## CHAPTER 5 지식 프로세스

**1.** Thomas Sowell, *Knowledge and Decisions*. Basic Books, New York, 1980, p. 215.

**2.** Cited by Carol Krucoff, "The 6 O'Clock Scholar," *Washington Post*, January 29, 1984.

**3.** Samuel T. Coleridge, *Aids to Reflection and the Confessions of an Inquiring Spirit*. George Bell and Sons, London, 1893, p. 36.

**4.** Failure to do so is generally referred to as "the knowledge problem," which the market process solves. See F. A. Hayek, *Individualism and Economic Order*. University of Chicago Press, Chicago, Ill., 1980, pp. 77-91.

**5.** Cited by Scott Thorpe, *How to Think Like Einstein: Simple Ways to Break the Rules and Discover Your Hidden Genius*. Sourcebooks, Naperville, Ill., 2000, p. 3.

**6.** John Wooden and Steve Jamison, *Wooden: A Lifetime of Observations and Reflections on and off the Court*. Contemporary Books, Chicago, Ill., 1997, p. 94.

**7.** GAAP의 몇 가지 요소들에 의해 재무제표가 가끔 경제 현실을 반영하지 않거나, 이익을 위한 요소나 기회를 잘 드러내지 않는 경우가 생기기도 한다. 이러한 경우 우리는 먼저 가장 유용한 정보를 제공하도록 내부적 재무제표를 우선 작성하여 외부 보고를 위해서 GAAP의 기준에 맞도록 이를 다시 수정한다. 대표적인 예로는 고정 제조원가를 재고화 시키고 제품이 팔리면 이를 다시 판매 비용으로 처리하는 경우다. 그리고 좀 더 유용한 정보를 제공하기 위해서는 기간원가가 발생할 때마다 비용처리를 하는 것이다. 코크 기업 사업군 하나의 경

우, GAAP 접근방식으로 인해 추가 수용력 증가 기간 동안에 늘어난 재고량이 이익의 과대평가를 불러온 적이 있다. 이것은 다시 우리가 시장에서의 퇴보에 대해 대처할 시간을 그만큼 감소시키는 결과로 이어졌다.

**8.** 구두(口頭) 교환이란 구술적 교환과 서술적 교환 모두를 포함한다. 대표적인 예로는 신문, 잡지, 과학 서적, 방송, 책, 커퍼런스, 전화, 이메일, 블로그, 고객과 공급업자와의 대화, 등급평가보고서, 전화 연락망, 광고 등이 있다.

**9.** Michael Polanyi, *Knowing and Being*. University of Chicago Press, Chicago, Ill., 1969, pp. 50, 51, 54, 55 and 70.

**10.** Richard Whately, *Essays on Some of the Difficulties in the Writings of St. Paul, and in Other Parts of the New Testament*. B. Fellowes, London, 1830, p. 33.

**11.** Cited by Scott Thorpe, *How to Think Like Einstein: Simple Ways to Break the Rules and Discover Your Hidden Genius*. Sourcebooks, Naperville, Ill., 2000, p. 35.

CHAPTER 6 결정권

**1.** Ludwig von Mises, *Human Action*. Regency Co., Chicago, Ill., 1963, p. 308.

**2.** Paul Poirot, "Ownership as a Social Function," *Toward Liberty*, Vol. 2, Institute for Humane Studies, Menlo Park, Calif., 1971, p. 296.

**3.** Vernon Smith, "Some Economics and Politics of Globalization," Speech given at North Carolina State University, Raleigh, N. C., March 2, 2005.

**4.** Garrett Hardin, "The Tragedy of the Commons," *Science* 162, 1968, pp. 1243-1248.

**5.** Ludwig von Mises, *Human Action*. Regency Co., Chicago, Ill., 1963, p. 157.

**6.** 미제스는 정부 중앙 계획자들이 새로 마주하게 된 과제를 "경제적 계산 문제"

라고 했다. 이것은 사회주의가 실용적이지 못한 시스템이라는 그의 주장을 바탕으로 만들어졌다. 가격과 손익은 기업가들이 소비자의 최상의 가치에 대한 욕구를 충족시키기 위해 한정된 자원의 효율성을 극대화하도록 돕는 지표다. 하지만 중앙에 의해 계획되는 경제는 시장 신호가 결여되었다.

중앙 계획자들은 그들이 대면한 지식과 구체화 문제를 풀기 위한 방법을 갖고 있지 않다. 그들은 사람들의 주관적 가치를 알지 못할 뿐만 아니라 기술, 취향, 수익 체감 등이 어떻게 변화하는지도 모른다. 또한 이러한 변화들에 어떻게 대응해야 하는지도 알지 못한다. 소웰이 이미 언급했듯이(131 페이지 참고), 그들은 사회가 진정으로 원하는 상품이 어떤 것인지 파악하지 못한다.

## CHAPTER 7 인센티브

1. Abraham Maslow, *Toward a Psychology of Being*. John Wiley and Sons, Hoboken, 1988, pp. 244-245.

2. Thomas Sowell, "Profits without Honor," www.townhall.com, December 23, 2003.

3. Charles Murray, *In Pursuit of Happiness*. Simon and Schuster, New York, 1988, p. 152.

4. William Bradford, *Of Plymouth Plantation: 1620-1647*. Modern Library, New York, 1967, p. 133.

5. Stephen Innes, *Creating the Commonwealth and the Economic Culture of Puritan New England*. W.W. Norton and Co., New York, 1995, p. 62.

6. Charles Bateson, *The Convict Ships: 1787-1868*. Brown, Son and Ferguson, Glasgow, 1969, pp. 20-21.

7. *The Economist*, "Poorest of the Rich," January 16, 1988, p. 55.

8. Thomas L. Friedman, "The End of the Rainbow," *New York Times*, June 29, 2005.

9. Marc A. Miles, Kim R. Holmes, Mary A. O'Grady, Ana I. Eiras, Brett D.

Schaefer and Anthony B. Kim, *2006 Index of Economic Freedom*. Heritage Foundation, Washington D.C., 2006.

10. *The Economist*, "Ireland Shines," May 17, 1997, p. 16.

11. Ludwig von Mises, *Human Action*. Regency Co., Chicago, Ill., 1963, pp. 13-14.

12. Abraham Maslow, *Eupsychian Management*. R.D. Irwin, Homewood, Ill., 1965, p. 28.

13. 주식회사의 주주들은 단기간에 주식 가격을 최대한 끌어올림으로써 최고의 이익을 누릴 수 있다고들 한다. 하지만 그러려면 장기적인 수익이 희생되어야 하고, 이는 곧 자본 시장에 문제를 초래한다. 우리 기업의 철학은 뚜렷하다. 우리는 시장중심 경영 지도원칙을 따르면서 경제적 수단을 이용해 장기적인 진정한 가치를 창조함으로써 이익을 얻는다.

14. 매니저는 직원들 각자의 역할에 대해 시장이 무엇을 제공하는지와 각 직원들의 역할이 시장 범위 내 어느 곳에 잘 들어맞는지에 대해 정확히 알고 있어야 한다. 우리는 직원들의 기여도를 평가하고 이에 따른 보상을 결정하는 데 집중하는 동시에 노조 계약 등과 같은 법적, 계약적 의무들을 따라야 한다.

15. Abraham Maslow, *Eupsychian Management*. R.D. Irwin, Homewood, Ill., 1965, p. 26.

## CHAPTER 8 교훈

1. Daniel Boorstin, *The Discoverers*. Random House, New York, 1983, pp. 338-339.

2. Peter Drucker, *Innovation and Entrepreneurship*. HarperCollins, New York, 1993, p. 1.

3. Michael Polanyi, *Knowing and Being*. University of Chicago Press, Chicago, Ill., 1974, pp. 50-51.

THE SCIENCE OF SUCCESS

# 찰스 코크의
# 시장중심 경영

**초판 1쇄 인쇄** 2022년 1월 15일
**초판 1쇄 발행** 2022년 1월 21일

**지은이** 찰스 G. 코크
**옮긴이** 문진호
**펴낸이** 김형성
**펴낸곳** (주)시아컨텐츠그룹

**책임편집** 강경수
**디자인** 공간42
**인쇄 · 제본** 정민문화사

**주소** 서울시 마포구 월드컵북로5길 65 (서교동) 주원빌딩 2F
**전화** 02-3141-9671
**팩스** 02-3141-9673
**이메일** siaabook9671@naver.com
**등록번호** 제406-251002014000093호
**등록일** 2014년 5월 7일

**ISBN** 979-11-88519-32-3 [03320]